잊혀진 땅 소아시아

잊혀진 땅 소아시아

에드윈 야마후치 지음
조 용 성 옮김

성광문화사

New Testament Cities
in Western Asia Minor

Edwin M. Yamauchi

Foreword by
W. Ward Gasque

Baker Book House
Grand Rapids, Michigan 49516

Sung Kwang Publishing Co.,
Seoul, Korea

역자 서문

　　세계 선교의 동향은 시대에 따라 변한다. 그러나 변할 수 없는, 아니 변해선 안될 사실이 하나 있다면 바로 초대 기독교의 선교 현장에서 일어난 복음 역사(役事)일 것이다. 바울과 바나바가 안디옥에서 복음을 들고 이방땅으로 향했다. 이것이 요원의 불길처럼 번져 지구촌 끝이라고 할 수 있는 한국까지 온 것이다.
　　역자는 12년전 복음을 거부하는 이슬람 땅에 개척자로 왔을 때 의문이 하나 있었다. 그것은 다름아닌 '이처럼 복음이 융성했던 초대 기독교의 산실이 어찌 이렇게 황폐할 수 있단 말인가?' 라는 것이었다. 이 질문은 세월이 흐르면서 거듭되었다. 그런데 어느 날 해답을 발견했다. 그것은 "교회가 교회되지 못할 때" 그럴 수 있다는 사실을 알게 되었다. 당시 동 로마 제국의 수도였던 콘스탄티노플은 감독들이 얼마나 부패했던지 까운의 후두가 무슨 색깔인 것 때문에 논쟁이 되기도 했다. 결국 이런 시시한 논쟁이 교회를 부패하게 했고, 한걸음 더 나아가 기독교는 쇠퇴의 길을 걸었던 것이다. 급기야는 1453년 오토만 터어키가 동 로마제국의 수도인 콘스탄티노플을 점령하고 말았고, 결국 기독교는 역사의 뒤안길로 사라진 것이다.
　　역자는 이런 기독교 역사의 산실인 지역에서 선교 사역을 하며 한국의 목회자와 성도들에게 초대 기독교 현장을 구체적으로 잘 설명한 책을 구하려 했으나 의외로 이런 책들이 없었다. 그런데 한 선교사를 통하여 이 책을 소개 받게 되었다. 너무 구체적이고, 학문적이고, 역사적인 책이라는데 매력을 느껴 번역을 몇년 전에 하고서 여러 출판사를 알아보았다. 그러나 이 책이 좋으나 출판사에서는 독자층들이 빈약하다는 이유로 번번히 거절 당했다. 그 후 결국 포기를 하고 있던 차, 후원 교회에서(신성교회 김경완 목사) 선교적 차원에서 출판하기로 결정해 주셔서 이 책이 빛을 보게 되었다.

역자는 이번 KOSTA(북미주 유학생 수양회) 강의차 미국에 갔을 때 저자인 에드윈 야마후치(Edwin M.Yamauchi) 교수가 강의했던 시카고 트리니티 신학교 도서관과 서점을 방문하여 저자의 책을 구하려 했으나 실패로 끝났다. 왜냐하면 이 책이 절판되었기 때문이었다.

그런데 저자가 최근에 또 하나의 책을 출판했었다. *Persia and the Bible* 『이란과 성경』이라는 책이었다. 이것을 보면서 아직도 왕성한 집필활동을 하고 있구나 하는 생각을 했다. 지금 저자는 마이애미대학교(Miami University)에서 역사학 교수로 있다. 원래 이 책의 원 제목은 "*New Testament Cities in Western Asia Minor*—서부 소아시아의 신약의 도시들"으로 출판이 되었는데 역자는 『잊혀진 땅 소아시아』로 의역을 했다. 또한 독자들의 편의를 위해 그 동안 수집해 놓은 사진을 많이 수록하였다.

바라기는 이 책이 이슬람 땅에 다시 복음의 꽃이 피길 소원하며 지난 10여년 동안 후원과 기도를 아끼지 아니한 여러분들을 위해 선물로 드리고 싶다. 무엇보다도 감사한 것은 신성교회에게 감사를 드리고 이 책 출판을 흔쾌히 허락해 주신 성광문화사 이승하 장로님과 직원 여러분께 감사를 드린다. 그리고 사랑하는 아내에게 감사를 전한다.

1998년 8월

선교지에서
역자 조용성

저자 서문

　필자는 1974년 터어키의 서부 지방을 방문하던 중 이 지역에 대해 큰 관심을 갖게 되어 고고학적 정보를 기초로 초기 로마시대의 소아시아 도시들에 대한 연구를 하게 되었다. 이 책에서 필자는 소아시아의 중요한 도시들의 역사와 유적들을 논하려고 한다. 지도에서 보는 바와 같이 (1) 앗소 (2) 버가모 (3) 두아디라 (4) 서머나 (5) 사데 (6) 빌라델비아 (7) 에베소 (8) 밀레도 (9) 디디마 ⑽ 라오디게아 ⑾ 히에라폴리스 ⑿ 골로새 등이다.

　이 도시들은 계시록 2, 3장에 언급된 "일곱교회"들이고 바울서신에서도 언급된 지역들이다. 그러나 디디마(Didyma)는 언급되지 않고 있다. 필자는 이 책을 쓰면서 헤머(C. J. Hemer) 주석을 참고하여 이 신약도시들을 역사적 관점에서 소개하였다.

　아쉬움이 있다면 다른 지역들은 모두 방문했지만 두아디라와 빌라델비아를 가보지 못했다는 것이다. 골로새 지역은 역사적 고증이 없기에 사진은 헤롤드 메어(W. Harold Mare)가 찍은 사진들을 슬라이드화했다. 그리고 지도와 그림들은 마이애미 대학교(Miami University)의 시청각부 담당교수인 제리 콜삽(Jerry Coltharp)의 도움을 입었다.

　베이커 북 하우스(Baker Book House)에서는 고고학에 관계된 자료와 후원을 해주었고, 윌리암 람세이(William M. Ramsay) 은사님이 배려해 주셨다.

필자는 특히 중근동학회의 회장이신 헤롤드 메어(W. Harold Mare)의 도움을 크게 입었고, 중근동학회의 편집장이신 도날드 버딕(Donald W. Burdick)에게 은혜를 입었다. 왜냐하면 이 분들이 소아시아 지역의 최근의 고고학적 자료들을 사용하도록 허락해 주셨기 때문이다. 필자가 쓴 논문 "서부 아나톨리아의 신약성경의 도시에 관한 최근의 고고학적 업적"의 제 13장과 14장은 이 학회지에 언급된 자료들이다. 복음 안에서 이런 격려와 교제에 감사하며 필자는 이 분들에게 이 책을 바친다.

끝으로 필자는 이 책의 색인들(Indexes)을 전부 컴퓨터로 뽑아준 나의 아들 브리엔에게 감사를 한다.

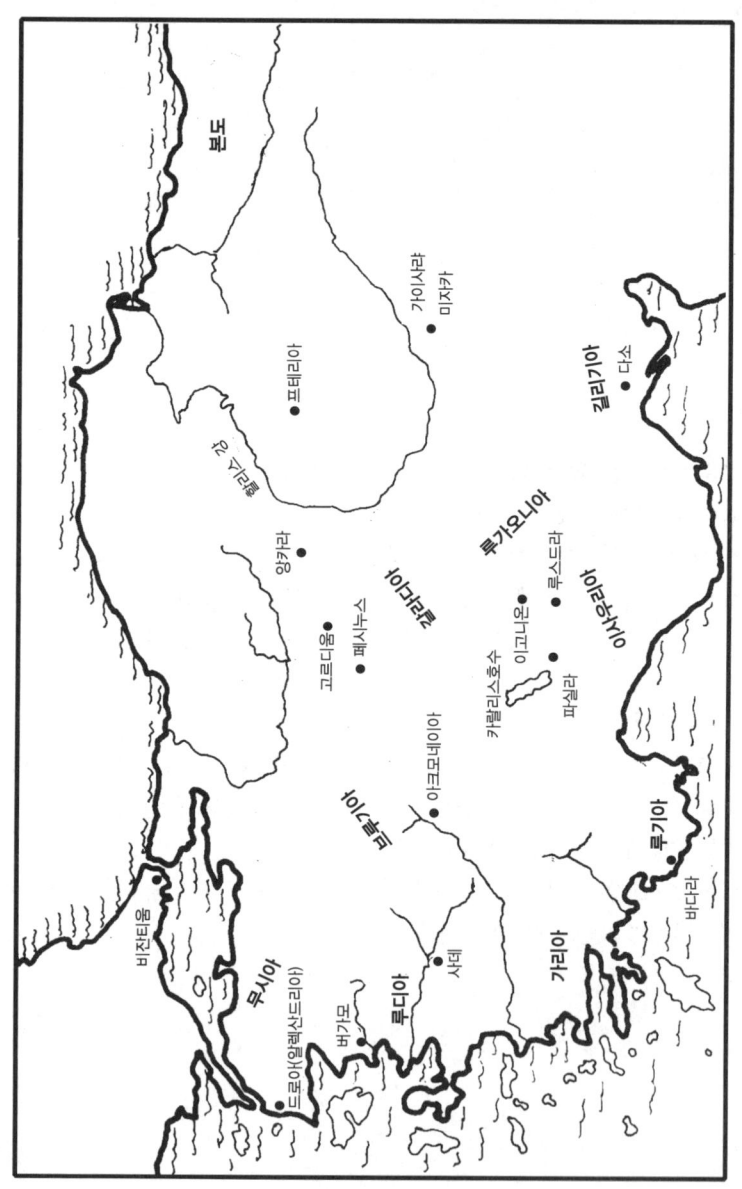

〈그림 1〉 소아시아

목차

- 역자 서문 / 5
- 저자 서문 / 8

서론···13
제 1 장 앗소(Assos)··21
제 2 장 버가모(Pergamum)··33
제 3 장 두아디라(Thyateira)··59
제 4 장 서머나(Smyrna)··65
제 5 장 사데(Sardis)··75
제 6 장 빌라델비아(Philadelphia)···································93
제 7 장 에베소(Ephesus)···97
제 8 장 밀레도(Miletus)···149
제 9 장 디디마(Didyma)··165
제 10장 라오디게아(Laodicea)······································173
제 11장 히에라폴리스(Hierapolis)·································187
제 12장 골로새(Colossae)··199
제 13장 도시들간의 경쟁··207

부록: 로마의 황제들··210
참고 문헌··211

약어표

AJA	*American Journal of Archaeology*
Arch	*Archaeology*
AS	*Anatolian Studies*
BA	*Biblical Archaeologist*
Beiblatt	*Jahreshefte des Österreichischen Archäologischen Instituts in Wien, Beiblatt*
BH	*Buried History*
Hauptblatt	*Jahreshefte des Österreichischen Archäologischen Instituts in Wien, Hauptblatt*
IDBS	*Interpreter's Dictionary of the Bible, Supplementary Volume*
IM	*Istanbuler Mitteilungen Deutsches Archäologisches Institut*
NEASB	*Near East Archaeological Society Bulletin*
TB	*Tyndale Bulletin*

서 론

아시아

 오늘날 터어키라는 이름은 옛날 중앙 아시아(Turkestan)에 살던 터어키인들이 아바씨드(Abbassid)의 통치자인 알-무타심(Al-Mutasim, 883-42)[1]치하에서 궁전 경호원들로 있었던 때 명명되어진 이름이다. 터어키 군대는 1071년에 비쟌티움(Byzantime) 황제와 싸워 반 호수(Van-터어키 동부에 있는 큰 호수로서 아라랏산 밑에 있다-역주) 근처의 만지겔(Manzikert) 전투에서 승리했다. 그리고 서서히 중앙 아시아를 건너서 콘스탄티노플(Constantinople, 현 이스탄불)을 1453년에 정복했다.
 터어키인들은 이 반도를 아나톨리아*(Anatolia; 터어키어로는 아나돌루[Anadolu])라고 불렀다. 우리는 '소아시아'(Asia Minor)라는 이름이 언제 처음으로 쓰여지게 되었는지는 모르지만 5세기 이전에는 분명히 사용되지 않았다.[2] 아시아라는 이름은 힛타이트

---

 1) On the general subject of Turkey, see J. C. Dewdney, *Turkey*(New York: F. Praeger, 1971).
 2) John A. Cramer, *A Geographical and Historical Description of Asia Minor*(Amsterdam: A.M. Hakkert, 1971 reprint of the 1832 edition), p. 3.
 *역자주: 옛날의 소아시아, 지금은 아시아의 터어키를 말함.

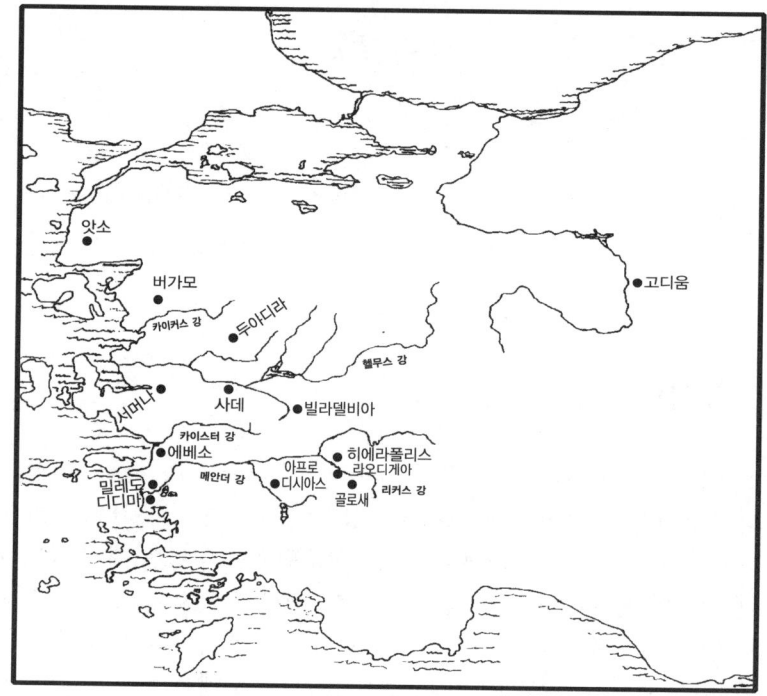

〈그림 2〉 소아시아

(Hittite)의 이름 아슈아(Assuwa)[3]에서 따온 것이다. 신약에서 아시아라는 이름은 주로 아나톨리아의 서부지역(로마의 통치구역)을 지칭했다. 그리고 카리아(Caria), 이오니아(Ionia), 리디아(Lydia)를

---

3) D. L. Page, *History and the Homeric Iliad*(역사와 호머의 일리아드, Berkeley: University of California Press, 1959), p. 104.

"We have securely placed the kingdom of *Assuwa* in a region which was known to the Greeks as *Asia*: Asia is a name earliest associated with the district of the River Caÿster and, not far north of it, the territory of Sardis. The greatest and strictest of Hittitologists admits that Hittite *Assuwa* and Greek *Asia* may well be the same word."

합친 것이기도 하다. 사도행전 16:6에서 성령은 바울이 아시아에서 말씀을 전하지 못하게 하셨다. 그 후에 그가 에베소에서 말씀을 전했을 때는 아시아에 살고 있던 모든 사람들이 복음을 듣게 되었다(행 19:10). 그러므로 아시아란 말은 소아시아보다 더 큰 개념으로 쓰이기도 했다(행 27:2).

역사적 요약

힛타이트 제국의 중심지 아나톨리아는 B.C. 13세기 경에 그리스 미케네인(Mycenaean)에 의해 파괴되었다. 또한 아주 유명한 호머의 『일리아드』(Iliad)의 무대인 트로이(Troy)도 무참하게 공격을 당했다.[4] 고고학자들은 B.C. 11~12세기 때 도리아인(Dorians)이 이곳에 망명함으로 그리스 문화와 전통이 소아시아에 이식되었다고 확신한다.[5]

에게해(Aegean) 세계가 암흑시대로부터 나타나자 이오니안 도시들은 사라졌다. 고대시기(B.C. 6~8세기)의 많은 증거는 서머나(현, 이즈밀[Izmir])에서 발굴되어졌다.[6] 이 때에 소아시아는 리디아(Lydia) 왕국의 강력하고 엄청난 재산을 가지고 있는 사데(Sardis) 왕들의 통치 아래 있었다.

한편 페르시아인들은 사데와 이오니아의 거의 전부를 차지했다(B.C. 547/546). 이오니아인들은 저항하다 실패한 후에(B.C. 499-494), 알렉산더 대왕에 의해서 페르시아인들로부터 벗어났다.[7]

---

4) E. Yamauchi, "Homer, History and Archaeology," *NEASB* 3(1973): 21-42.
5) J. M. Cook, *The Greeks in Ionia and the East* (New York: F. Praeger, 1963).
6) J. M. Cook, "Old Smyrna, 1948-51," *Annual of the British School at Athens* 53-54(1958-59): 1-34.
7) Chester G. Starr, "Greeks and Persians in the Fourth Century B.C.," *Iranica Antiqua* 11(1975): 39-99.

알렉산더 대왕이 죽은 후에 많은 후계자들, 트라키아의 리시마쿠스(Lysimachus of Thrace)와 셀루키드(Seleucid) 통치자들이 소아시아를 차지하려고 싸웠다. 소아시아의 모든 지역은 버가모(Pergamum) 통치자 아탈리드(Attalid) 아래서 부귀와 영화를 누렸다. 마지막 버가모 왕들은 왕위를 계승할 자손이 없자 로마인들에게 넘겨주었다(B.C. 133). 그들은 그 땅들을 아시아 지역으로 다시 재편성하였다.[8]

B.C. 88년에 로마의 상인들과 세금징수자들이 북아나톨리아의 폰투스(Pontus)왕인 미트라다테스(Mithradates)에 대해 반란을 일으켰다.[9] 미트라다테스왕은 아시아에 거주하는 8만명의 로마인들을 죽이라는 명령을 내렸다.

그는 또한 용해된 금을 어느 한 로마인의 식도에 부으라는 지시를 내린 것으로도 전해진다. 로마제국은 술라(Sulla, B.C. 88-85), 루쿨루스(Lucullus)와 폼페이(Pompey, B.C. 74-63)를 보내 이런 위험한 적을 정복하게 했다.

로마제국 시대에는 아시아의 주요 도시들이 왕을 지지한다는 것을 보여주기 위해 경쟁했다. 이것은 아우구스투스(Augustus) 때부터 시작되었는데[10] 그의 생일을 맞이한 B.C. 9년 어느 날, 아시아의 코이논(*Koinon*, 지방총회-Provincial Assembly)은 왕에게 아첨의

---

8) A. N. Sherwin-White, "Roman Involvement in Anatolia, 167-88 B.C.," *Journal of Roman Studies* 67(1977): 62-75.

9) A. Duggan, *He Died Old: Mithradates Eupator, King of Pontus* (London: Faber & Faber, 1958). M.J.Mellink, "Archaeology in Asia Minor, " *AJA*81(1977): 308, reports: "A remarkable new epigraphic discovery was made in the church of St. John(at Ephesus)…The block has a 153 line inscription dated July 8, A.D. 62, apparently containing an Asiatic tax and customs regulation."

10) For a general treatment of the relations between Augustus and the East, see G. W. Bowersock, *Augustus and the Greek World* (Oxford: Clarendon Press, 1965).

선언을 했다. 즉 가이사왕은 신(divine) 로마황제 또 구세주라고 했다.[11] 그래서 발굴자들이 복구한 도시들은 황제들이 기증한 것이 아니면 설계자들이 왕에게 바친 것들이다.[12]

한프만(G. M A. Hanfmann)에 의하면:

"아시아의 로마 지방 도시들이 형성되었다. 즉 에베소, 사데, 밀레도, 버가모, 이것은 아우구스투스 황제에 의해 재건되어 A.D. 1~2세기 동안 부귀영화를 누렸다. 그후 A.D. 3세기 중엽 로마의 황금시대는 붕괴했다."[13]

그러므로 분명한 것은 왕의 통치 하에서 아시아의 지방 도시들이 재건된 것이었다. 헨리 메쯔거(Henri Metzger)는 언급하기를 "일반적으로 서부와 남부 아나톨리아는 섬세하게 로마화되어 있어서 그 지역 건물에서는 촌같은 느낌을 찾아볼 수 없었다"고 한다.[14]

---

11) F.C. Grant, ed., *Ancient Roman Religion*(New York: Liberal Arts, 1957), pp. 173-74; Fergus Millar, *The Emperor in the Roman World* (London: Duckworth, 1977), p. 386.

12) Most Greek and Latin inscriptions relating to the emperors of the 1st century may be found in: *Documents Illustrating the Reigns of Augustus and Tiberius,* ed. V. Ehrenberg and A. H. M. Jones, 2nd ed.(Oxford: Clarendon Press, 1976); *Documents Illustrating the Principates of Gaius, Claudius and Nero,* ed. E. M. Smallwood (Cambridge: Cambridge University Press, 1967); *Select Documents of the Principates of the Flavian Emperors,* ed. M. McCrum and A. G. Woodhead, 2nd ed. (Cambridge: Cambridge University Press, 1966); *Documents Illustrating the Principates of Nerva, Trajan and Hadrian,* ed. E. M. Smallwood (Cambridge: Cambridge University Press, 1966).

13) G. M. A. Hanfmann, *From Croesus to Constantine*(Ann Arbor: University of Michigan Press, 1975), p. 42.

14) Henri Metzger, *Anatolia II*(London: Cresset, 1969), p. 191.

람세이의 공헌

로마 영토 소아시아의 가장 훌륭한 고고학자는 윌리엄 람세이(Sir William M. Ramsay, d. 1939)라고 할 수 있겠다. 그가 터어키에 첫발을 내딛었을 때(1880년), 그는 튜빙겐 대학의 지배적인 관점에 영향을 받고 있었다.[15] 그러나 독자적으로 소아시아를 조사한 후에 결과적으로 신약을 확고히 신뢰하게 되었다.[16] 람세이는 튜빙겐 대학에 사도행전 지역을 재확인해야 한다는 실제적인 도전을 주었다.[17]

그후 람세이가 죽은 뒤에 그가 지적한 많은 지역들이 발굴되어지고, 그의 주장이 받아들여지게 되었다. 그리고 람세이의 뒤를 이어 라이트푸트(J. B. Lightfoot)가 남부와 서부 갈라디아 지역을 정치적으로 설명하며 논증했다.[18] 람세이의 공헌의 지속적인 평가는 그 책들이 다시 출판되면서 증명되었다.[19]

---

15) W. M. Ramsay, "Explorations of Asia Minor as Bearing on the Historical Trustworthiness of the New Testament," *The Victoria Institute's Transactions* (1907): 204-05.

16) W. M. Ramsay, *The Bearing of Recent Discovery on the Trustworthiness of the New Testament* (London: Hodder & Stoughton, 1915); Colin J. Hemer, "Luke the Historian," *Bulletin of the John Rylands Library* 60(1977): 36-37; idem, "The Later Ramsay, A Supplementary Bibliography," *TB* 22 (1971): 119-24

17) E. M. Yamauchi, *The Stones and the Scriptures* (Philadelphia: J. B. Lippincott, 1972), pp. 92-96; W. W. Gasque, *Sir William M. Ramsay* (Grand Rapids: Baker, 1966); idem, "The Historical Value of the Book of Acts," *Theologische Zeitschrift* 28(1972): 177-96; idem, *A History of the Criticism of the Acts of the Apostles* (Grand Rapids: Wm. B. Eerdmans, 1975).

18) D. Guthrie, *New Testament Introduction: The Pauline Epistles*, 2nd ed.(Chicago: Inter-Varsity, 1963), pp. 72-79.

19) Fourteen of his books have been reprinted, ten of them by Baker; see Gasque, *Sir William M. Ramsay*, pp. 86-87, Since Gasque wrote in 1966, the following have been reprinted: *The Social Basis of Roman Power in Asia Minor* (Amsterdam: A. M. Hakkert, 1967); *Asianic Elements in Grek Civilization* (New

람세이의 글들을 정확히 평가하는데 있어서 그를 단순히 무시해 버리거나(자유주의 계통에서), 또한 그의 책들은 단순하게 받아들여서는 안된다(보수주의 계통에서). 그 후에 이 작업들은 신속히 진행되어서 소아시아에 고고학적인 관심이 일어났고, 람세이의 주장들 중에 어떤 것은 받아들여지지 않게 되었거나 혹은 수정을 하게 되었다.[20]

York: AMS, 1969); *The Cities and Bishoprics of Phrygia* (New York: Arno, 1975).

20) E. M. Yamauchi, "Ramsay's Views on Archaeology in Asia Minor Reviewed," *The New Testament Student* V, ed. John Skilton (Philadelphia: Presbyterian & Reformed, forthcoming).

1
앗소
(Assos)

위 치

스트라보(Strabo)에 의하면, 앗소는 "튼튼히 잘 지어진…, 큰 방파제를 통한 항구…, 주목할만한 도시…"라고 했다. 항구도시 앗소는 아름다운 풍경을 가진 아드라미티움 해협(Adramyttium)의 가장자리, 즉 레스보스(Lesbos)섬의 북쪽과 트로아드(Troad)라 불리우는 남쪽 해변에 위치해 있다.[1]

더 북쪽에 위치한 헬레스폰트 해협(Hellespont, 일명 달다넬스[Dardanelles])을 지키는 것은 전설에 나오는 호머의 트로이 도시였고, 하인리히 쉴리만(Heinrich Schliemann)이 1870년에 발굴을 시작했다.[2] 옛 트로이 10마일 남쪽에는 신약시대에 가장 중요한 도시였던 알렉산더 드로아에 헬레니스적인 로마항구가 있었다[3](행

---

1) On the general subject of the Troad, see J. M. Cook, *The Troad* (London: Oxford University Press, 1973).

2) See E. M. Yamauchi, "Homer, History, and Archaeology," *NEASB* 3(1973): 21-42.

3) See C. J. Hemer, "Alexandria Troas," *TB* 26(1975): 79-112.

16:8, 11; 20:5-6; 고후 2:12; 딤후 4:13).

바울은 제2차 선교여행 때 성령께서 아시아에서 말씀을 전하지 말고 비두니아로 가도록 지시를 받았다. 그는 무시아라는 곳을 거쳐 드로아라는 곳에 도착했다(행 16:6-8). 바우워(W.P. Bowers)는 말하기를 바울은 마게도냐의 환상(행 16:9)이 드로아에서 있었기 전에도 그는 유럽으로 가려고 마음먹었는지도 모른다고 했다.

> 그에게 여행에 이용될 만한 통로는 반드시 드로아에 가는 여행에서 선택한 것이 아니라 이미 특별한 진로를 머리에 구상하고 있었던 것이다. 지질학적인 면으로 본다면 드로아를 향한 여행에서 더욱 확신을 갖고 마게도냐로 향한 꿈을 꾸었다(아니 더 큰 유럽을 바라보며…).[4]

이런 관점으로 볼 때 마게도냐의 환상은 바울 자신의 여행 결심을 다시 굳게 했다.

가장 중요한 도시였던 알렉산더 드로아는 한번도 발굴되지 않았다. 부분적인 도시 성벽들과 헤로데스 아티쿠스가 지은 목욕탕들의 폐허, A.D. 2세기 때의 웅변 장소 등이 남아있다. 옛날 항구 자리는 지금은 초호(Lagoon, 礁湖)이다.[5]

신약 성경의 언급

사도 바울은 7일을 알렉산드리아 드로아에서 지낸 후 그의 친구들이 배로 계속 여행하는 동안에, 3차 선교여행을 육로로 앗소까지 가

---

4) W. P. Bowers, "Paul's Route Through Mysia," *Journal of Theological Studies* 30(1979): 511.

5) For photos and a description of the ruins of Troas, see D. W. Burdick, "With Paul in the Troad," *NEASB* 12(1978): 50-53, 64-65. In what follows I am greatly indebted to Professor Burdick's article.

I. 1-1. 트로이의 목마
(The Wooden Horse of Troy)

기로 했다(행 20:6, 13-14). 이 앗소는 드로아에서 20마일 떨어져 있다.[6]

바울은 아시아에 있는 사랑하는 친구들을 더이상 보지 못할 것으로 생각한 것같다(행 20:38). 헤머(C. J. Hemer)에 의하면, 바울은 드로아에 머물면서 믿는 자들을 가르친 후에, 지름길로 말을 타고 앗소에 갔을 것이라고 말한다.[7]

버딕(D.W. Burdick) 또한, 바울은 앗소로 가는 도중에 믿는 자들을 가르치려 했는지도 모른다고 하였다.[8]

역사적 배경

앗소는 기원전 초기 천년의 초반부인 B.C. 600년 경에 북부 그리

---

6) H. V. Morton, *In the Steps of St. Paul* (London: Rich & Cowan, 1936), p. 152.
7) Hemer, "Alexandria Troas," p.105.
8) Burdick, "With Paul in the Troad," p.42.

스에서 내려온 에오리안(Aeolian) 이민자들에 의해 창건되었다. 앗소는 클라크(J.T. Clarke)에 의하면, 12,000~15,000명의 인구를 가진 트로아드(Troad)에서 가장 주요 도시였다고 한다.[9]

B.C. 6세기에 앗소는 리디아 왕국(Lydia)의 지배 하에 있게 되었다. 고레스(Cyrus)가 B.C. 546년에 사데(Sardis) 왕국을 정복하여 페르시아에게 넘겨진 후에, 앗소는 미케일(Mycale)에서 479년에 그리스가 페르시아를 상대로 이김으로 다시 자유를 얻었다. 아덴인의 기초 공물조사에 의한 쿡(J.M. Cook)의 계산을 보면, 앗소의 인구는 5세기 때는 4,000명으로 감소된 듯하다.[10]

B.C. 4세기 때 플라톤 밑에서 일하던 헤르메이아스(Hermeias)는 앗소의 독재자가 되었다. 스퓨시푸스(Speusippus)가 B.C. 347년에 플라톤을 계승하여, 아카데미의 최고 우두머리가 되었을 때 이에 실망한 아리스토텔레스는 그의 친구의 초대를 받고 앗소의 궁정에 들어왔다. 그는 헤르메이아스의 손녀인 피티아스(Pythias)와 결혼했다. 그가 앗소에 머무는 동안 아리스토텔레스는 정치에 관한 그의 중요한 논문을 쓰기 시작했다.[11] 아리스토텔레스는 마게도냐에 가서 젊은 알렉산더의 가정교사를 하다가 그후 B.C. 343 년에 레스보스섬에서 가까운 미둘레네(Mitylene)로 갔다.

B.C. 342년 페르시아 왕 알탁세스 III세(Artaxerxes)를 섬기는 그리스 장군은 헤르메이아스(Hermeias)를 정복했다. 그것은 헤르메이아스가 마게도냐의 필립과 동맹한 사이였기 때문이다. 헤르메이아스는 페르시아 왕에게 십자가 처형을 당했다. 아리스토텔레스는 그

---

9) J. T. Clarke, *Report of the Investigations at Assos, 1881* (Boston: A. Williams and Co., 1882), p. 77; and idem, *Report on the Investigations at Assos, 1882, 1883* (New York: Macmillan, 1898), p. 42, cited by Burdick, "With Paul in the Troad," pp. 54-55.

10) Cook, *The Troad*, p. 383.

11) H. Bengtson et al., *The Greeks and the Persians* (London: Weidenfeld & Nicolson, 1970), p. 261.

의 영예에 관한 시를 짓고 델피(Delphi)에 그의 동상을 세웠다.[12]

제노(Zeno)의 후계자이며 아덴의 스토아 철학의 최고 우두머리인 클린데스(Cleanthes)는 B.C. 331년 앗소에서 태어났다. 바울이 아레오바고(Areopagus)설교 때 인용한 내용인 "우리가 그의 소생이라 하니"는 클린데스의 "제우스에게 찬송을"(Hymn to Zeus)에서 인용했을 가능성도 있다(행 17:28).[13]

1.1 잘 보존된 주요 관문

발굴

앗소(Assos)는 1881년부터 1883년 사이에 클라크(J.T. Clarke)

---

12) *Cambridge Ancient History* IV: *Macedon 401-301 B.C.*, ed. J. B. Bury et al. (cambridge: Cambridge University Press, 1927), pp. 23, 251, 334.

13) F. W. Farrar, *The Life and Work of St. Paul,* excursus III, "The Classic Quotations and Allusions of St. Paul" (London: Cassell & Co., 1903), pp. 696ff. The phrase also appears in Epimenides, *On Oracles,* and the "Hymn to Zeus" by Callimachus.

와 베이컨(Francis H. Bacon)이 발굴하였다. 이 발굴은 새로 설립된 미국의 고고학 연구소가 지원한 최초의 탐험으로써 주지할 만한 가치가 있다.

베이컨의 논문에서 발췌하여 최근에 발간된, 1881년 9월 6일 기록에서 우리는 다음과 같은 그의 불만을 볼 수 있다:

> 어찌해서 이 웅장했던 옛 도시가 지난 50년만에 황폐케 되었는지, 그것은 참으로 우리의 피를 끓어오르게 한다! 터어키 정부는 잘 려나간 돌들을 수레에 실어서 옮겼으며 인근의 작은 전체 마을들은 건축자재를 얻기 위해서 이곳으로 왔다. 우리의 현 문제들을 해결하는데 실마리가 될 수도 있는 많은 돌들이 이런 식으로 처리되어 왔던 것 같다.[14]

연극장에서 출토된 얼마간의 돌들이 터어키 정부에 의해 1864년 콘스탄티노플의 새 조선소 축조를 위해 옮겨졌다.

유 물

B.C. 4세기에 세워진 성벽은 아직도 경탄할만한 모습으로 보존되어 있다. 아쿠르갈(E. Akurgal)은 "이 성벽들이야말로 그리스 세계에서 가장 완벽한 방어체계이다."[15]라고 말했다. 정문 북쪽에 위치해 있는 탑은 아직도 약 50피트의 높이로 우뚝 서있다(사진 I.1과 I.2 참조). 이 탑의 틈새들은 화살을 쏘기 위해 쓰여졌다.[16]

---

14) "The Assos Journals of Francis H. Bacon." ed. L. O. K. Congdon, *Arch* 27.2 (1974): 90.

15) E. Akurgal, *Ancient Civilizations and Ruins of Turkey,* 2nd ed.(Istanbul: Mobil Oil Türk A.S., 1970), p. 64; cf. R. Scranton, "Greek Arts in Greek Defenses," *Arch* 3.1 (1950): 4-12; F. E. Winger, "Notes of Military Architecture in the Termessos Region," *AJA* 70 (1966): 127-37.

16) Cf. C. W. Soedel and V. Foley, "Ancient Catapults," *Scientific American*

I.2
전망대의
내부모습

700보(걸음으로) 높이의 아크로폴리스 꼭대기에는 인상깊은 아테네 신전이 세워져 있다. 이 신전의 이오니아식 장식들은 이스탄불 박물관, 프랑스 루불 박물관과, 그리고 미술품이 소장되어 있는 보스턴 박물관에 보관되어 있다.[17]

부등변 사각형(사다리꼴) 모양의 집회장은 아크로폴리스 방면의 115미터 길이의 북 스토아(Stoa, 주랑[柱廊](사진 I.4참조))와 바다

240.3(1979): 150-60.
   17) See photos 6-10 in Burdick, "With Paul in the Troad," pp. 58-60.

I.3 그리스식 건축으로 세워진 요새(B.C. 4세기경)

I.4 아크로폴리스 방면의 북 스토아 유적

방면의 다소 짧은 남 스토아의 측면에 위치해 있었다.[18] 사진에서 볼 수 있는 이 구멍들은 본래 나무로 된 들보들로서 2층을 떠받치고 있었다. 남 스토아는 중앙층에는 13개의 상점을, 그리고 윗층에는 목욕탕들을 겸비하고 있는 3층구조를 하고 있었다. 이 두 층 사이의 공기구멍은 여름에는 시원하고 겨울에는 따뜻하게 하려고 만들어놓았던 것이다.

북 스토아 동쪽에는 회의실(bouleuterion)이 있었다. 이 스토아와 회의실 사이엔 연설자를 위한 강단(bema)이 있었다. 이 축조물들에 도입된 도리아양식과 이오니아양식의 혼합 형태는 버가모(Pergamene)시대의 영향들을 보여주고 있다(B.C. 241~133).

남 스토아는 관람객들이 항구 아래쪽을 한눈에 바라볼 수 있게 연극장을 내려다보는 위치에 있었다(사진 I.5참조). 연극장의 유적은 1826년 오스트리아의 오스틴(Prokesch von Osten)이 이 유적을 방문했을 즈음에도 잘 보존되어 있었다.[19] 그러나 이들은 이때 이후로 약탈을 일삼았다. 당시 그곳에는 40줄의 관람석이 남아있었다. 미국인 발굴자들에 의하면 두 개의 막다른 복도는 물탱크와 화장실로 통하고 있다 한다. 그러나 이태리 발굴자인 베르나르디 페레로(Bernardi Ferrero)는 이들의 설명을 지지할만한 어떤 증거도 발견할 수 없었다고 말했다.[20]

---

18) R. E. Wycherley, *How the Greeks Built Cities* (London: Macmillan, 1962), pp. 78-79, 116. For an idea of the appearance of such a stoa or colonnaded porch one can view the reconstructed stoa of Attalus II in Athens. See *The Stoa of Attalos II in Athens* (Princeton: American School of Classical Studies at Athens, 1959).

19) Daria de Bernardi Ferrero, *Teatri Classici in Asia Minore* III: *Città dalla Troade alla Pamfilia* (Rome: "L'Erma" di Bretschneider, 1970), pp. 37ff.

20) Ibid., p. 39.

I.5 바울과 누가가 다시 만난 항구

황제숭배

B.C. 133년 마지막 버가모(Pergamene) 왕의 죽음으로 인해 앗소는 소아시아 서쪽의 나머지 지역과 함께 로마의 보호 아래 있게 되었다. 앗소에서 출토된 비문들은 그 곳에 살았던 수많은 로마인의 모습을 밝혀 준다.[21] 다른 비문들은 앗소시가 로마황제의 호의에 따라서 지극히 주도면밀히 개발되었음을 보여준다. 체육관 근처의 주랑에는 다음과 같은 비문들이 기록되어졌다:

> 세습왕들처럼 그 스스로가 신격화 된 시이저 아우구스투스의 제사장이며, 제우스 호모누스(Homonoos)의 제사장인, 운동선수 양성소의 책임자 퀸투스 롤리우스 필레타이로스(Quintus Lollius

---

21) T. R. S. Broughton, "Roman Asia," in *An Economic Survey of Ancient Rome,* ed. T. Frank (Baltimore: Johns Hopkins University Press, 1938), vol. IV, pp. 716-17, 881.

Philetairos)는 주랑을 신격화된 시이저 아우구스투스와 그의 국민들에게 헌납하였다.[22]

기증자의 부인 역시 황후에게 목욕실을 헌납하였다.

> 퀸투스 롤리우스 필레타이로스의 부인 롤리아 안티오쿠스는 조상대대로 내려오는 관습에 따라서 여왕이 된 최초의 여성으로서, 목욕실과 이에 속한 모든 것들을 줄리아 아프로디테(Julia Aphhrodite)와 로마의 시민들에게 봉헌하였다.[23]

아우구스투스는 자기 딸 줄리아와 마르쿠스 아그립파(Marcus Agrippa)의 아들들인 가이우스와 루키우스(Lucius)에게 왕권을 세습시키려는 그의 뜻을 굳혔다. 앗소에 있는 가이우스의 동상을 포함해서 이들 아우구스투스의 어린 손자들의 동상은 소아시아에서 수없이 발견되었다.[24] 애석하게도 아우구스투스의 희망이었던 루키우스는 A.D. 2년에 죽었고, 가이우스는 A.D. 4년에 치명적인 부상을 당하였다.

가이우스 칼리굴라가 황제로 책봉되었을 때(A.D. 37), 앗소 시민 5명은 그들의 도시 이름으로 카피톨 언덕의 쥬피터 신전에 헌납하기 위해 로마로 갔다.

어느 한 비문에 주랑이 클라우디우스 황제(A.D. 41~54)에게 헌납되었다고 기록되어 있다. 셉티미우스 세베루스(Septimius Severus, A.D. 193~211)의 부인인 줄리아 돔나(Julia Domna)의 동상이 발견된 때로부터 A.D. 3세기에 이르기까지 황제시대에서는 더이상의 비문은 발견되지 않았다.[25]

---

22) C. C. Vermeule, *Roman Imperial Art in Greece and Asia Minor* (Cambridge: Harvard University Press, 1968), p. 216.

23) Ibid., pp. 216, 457.

24) Ibid., pp. 179-80, 456.

25) Ibid., p. 457. For an extensive bibliography on the coins of Assos, see Bernardi Ferrero, *Teatri Classici*, p. 42.

2
버가모
(Pergamum)

위 치

버가모(Pergamum)는 내륙쪽으로는 15마일 안쪽에, 무시아(Mysia)남부(그림 1과 2 참조)에 있는 카이커스강으로부터는 2마일 북쪽에 위치하고 있다. 버가모의 성은 평지로부터 900피트 높이의 언덕 위에 자리잡고 있다(사진 II.1 참조). 멜린크(M. J. Mellink)는 이 곳을 '소아시아에서 가장 황홀한 도시'라고 불렀다.[1] 람세이(W. M. Ramsay)는 다음과 같이 말했다:

"소아시아 전체를 통해서 어떠한 도시도-내가 이제껏 본 것과 또 내가 지금까지 보지 못했던 지극히 중요한 어떤 것도-이처럼 인상적이고 웅장한 자태를 소유한 것은 전혀 없었다. 나로 하여금 '찬란한 도시여!' 라는 탄성을 외치도록 만든 그 땅의 한 도시이다."[2]

왕국의 아크로폴리스 성채(城砦)에는-(그림 3), 궁전, 도서관, 아

---

1) M. J. Mellink, "Pergamum, " *The Interpreter's Dictionary of the Bible,* ed. G. A. Buttrick et al. (Nashville: Abingdon, 1962), vol. III, p. 734.
2) W. M. Ramsay, *Letters to the Seven Churches of Asia* (Grand Rapids: Baker, 1979 reprint), p. 295.

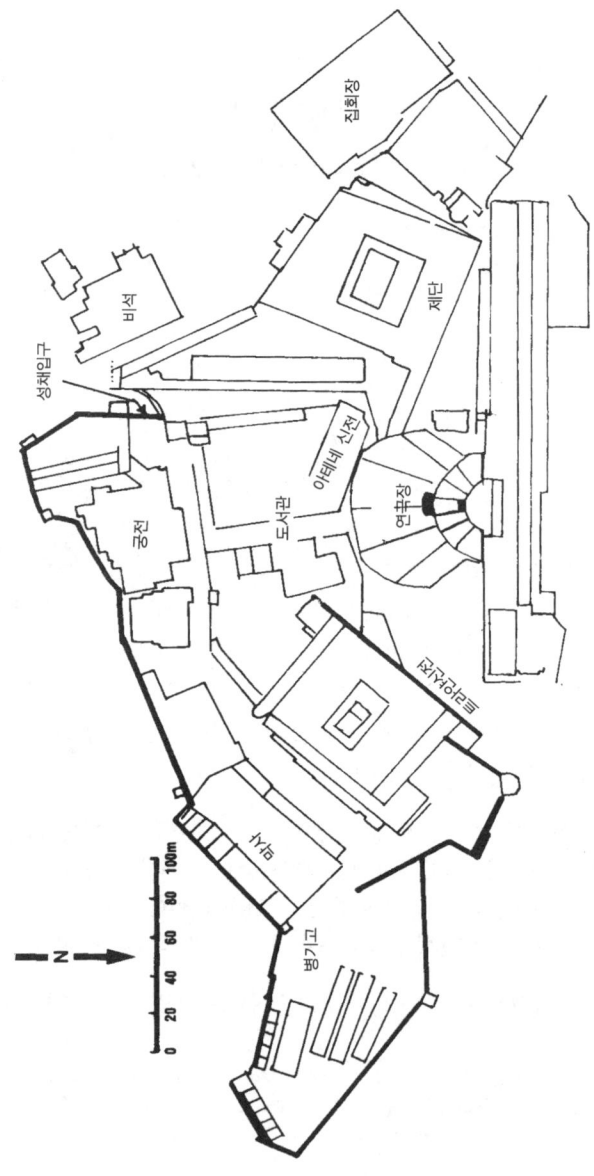

〈그림 3〉 버가먼 왕국의 아크로폴리스

2. 버가모(Pergamum) · 35

테나(Athena)신전, 트라얀 신전, 막사(병영) 및 병기고가 자리잡고 있다. 80피트 아래쪽으로는 웅대한 제우스 제단이 자리하고 있다. 극장은 평지 윗쪽 눈부실 만큼의 아름다운 전망이 보이는 가파른 경사 남쪽에 위치해 있다. 그 경사를 따라서 북동쪽으로는 세 개의 중요한 체육관이 있었다. 아스클레피온(Asklepieion)병원은 평지 위에 자리잡고 있었다.

II.1 해발 900피트에 있는 버가모성

신약성경의 언급

많은 성경 주석가들은 버가모에 있는 위대한 제우스의 제단을 "사단의 위"라고 말해왔다(계 2:13).[3] 어떤 이들은 그 도시 언덕의 모습

---

3) Ibid., p. 43; David Magie, *Roman Rule in Asia Minor* (Princeton: Princeton University Press, 1950), vol. II, p. 771; Robert H. Mounce, *The Book of Revelation* (Grand Rapids: Wm. B. Eerdmans, 1977), p. 95. I have not seen Theodor Birt,

과 관련하여 제의했고, 한편 다른 사람들은 아스클레피오스 숭배에 관계시켜 연상해보았다.[4](사진 Ⅱ.1-1 참조). 버가모에 관한 또다른 언급은 단지 소아시아 일곱교회의 서론에 있다(계 1:11).

Ⅱ.1-1 성경이 말하는 '사단의 위'가 있는 버가모성의 모습

역사적 배경

알렉산더 대왕이 죽은 후, 리시마쿠스(Lysimachus)가 버가모 주변 지역에 대한 통치권을 획득했다. 그리고 B.C. 283년에 아탈리드

"Der Thron des Satan: Ein Beitrag zur Erklärung des Altars von Pergamon," *Berliner Philologische Wochenschrift* 52(1932): 1203-10.

4) Colin J. Hemer, "Unto the Angels of the Churches," *BH* 11(1975): 73. Hemer has written a series of four excellent articles on the seven churches of Revelation in the popular journal, *Buried History* (hereafter *BH*), published by the Australian Institute of Archaeology: 11 (1975), 4-27, 56-83, 110-35, 164-90. In 1969 he wrote a dissertation at Manchester University titled, "A Study of the Letters to the Seven Churches of Asia with Special Reference to Their Local Background." A revised version is to be published in the New Testament Studies monograph series by Cambridge University Press.

(Attalids)의 버가모 왕조를 세운 사람은 역신(逆臣) 필레테루스(Philetaerus)였다.

필레테루스(Philetaerus)는 그 신성한 장소인 사원을 아테네에 헌납했으며, 그 도시를 소아시아의 아테네로 만들기를 열망했었다. 버가모 왕조의 계보는 다음과 같다.[5]

필레테루스(Philetaerus)	B.C. 283~263년
유메네스 I세(Eumenes I)	B.C. 263~241년
아탈루스 I세 (Attalus I)	B.C. 241~197년
유메네스 II세(Eumenes II)	B.C. 197~159년
아탈루스 II세(Attalus II)	B.C. 159~138년
아탈루스 III세(Attalus III)	B.C. 138~133년

앞의 세 왕들은 약탈자인 갈라디아인들과 싸움을 치뤄야 했다. 아탈루스 I세(Attalus I)는 패배한 갈라디아인들이 스스로 목숨을 끊는 광경을 동상으로 세웠다. 유메네스 II세(Eumenes II)는 갈라디아인들에 대한 아탈루스 I세의 승리를 기념하기 위해 제우스 신전을 건설했다. 그는 또한 시립 도서관을 만들었다. 아탈루스 II세(Attalus II)는 아테네에 있는 집회장에 116미터 길이의 훌륭한 주랑(柱廊)을 세우도록 하였다. 그 주랑의 현대식 목조 건물은 지금 박물관으로 사용되고 있다.[6] 성문 밖에 세워진 비석(*heroon*)은 영웅적인

---

5) See E. V. Hansen, *The Attalids of Pergamon* (Ithaca: Cornell University Press, 1947), pp. 237, 448. The gate to the sanctuary of Athena Polias has been restored in the Pergamum Museum in East Berlin. See also M. J. Price and B. L. Trell, *Coins and Their Cities* (Detroit: Wayne State University Press, 1977), p. 104.

6) H. A. Thompson, *The Stoa of Attalus at Athens* (Princeton: American School of Classical Studies, 1959); R. E. Wycherley, *How the Greeks Built Cities* (London: Macmillan, 1962), pp. 84, 116; Hansen, *Attalids of Pergamon,* p. 297.

왕들의 명예를 기리는 성스러운 장소로 쓰였다.

발굴작업

쉴리만(Schliemann)의 트로이에서의 놀랄만한 발견으로 에게해 고고학을 시작했던 때로부터 8년 후인 1878년, 독일인들인 칼 휴만(Carl Humann), 알렉산더 콘즈(Alexander Conze), 그리고 본(R. Bohn)은 버가모 상층 도시를 발굴하기 시작했다. 쉴리만의 보조원인 되르펠드(W. Dörpfeld)는 헵딩(H. Hepding) 그리고 스캇츠만(P. Schatzman)과 함께 중간층 및 하층지대를 1900년에서 1913년까지 발굴했다. 1927년과 1935년 사이에 데오도르 웨간드(T. Wiegand)는 붉은 회당(Red Basilica)과 아스클레피온 신전에 대한 발굴을 지휘했다.[7] 헨리 메쯔거(Henri Metzger)는 다음과 같이 말했다.

> 그 발굴들은 1878년과 1886년 사이에 베를린 박물관에 의해 버가모에서 실시되었으며, 양대전 사이에는 독일 고고학 연구소가 실시했다. 1951년 이래로는 왕립도시의 눈부신 발전의 흔적들을 발견하는 일이 가능하게 되었는데, 이 도시는 B.C. 3세기 초까지 자그마한 요새의 규모로 제한되었던 것이다. 그리고 그 발굴들은 가파르게 경사진 극장과 많은 지평선상의 주랑 주위에 조화롭게 배치된 테라스들을 발견하는 것으로 확대됐다.[8]

---

7) Ekrem Akurgal, *Ancient Civilizations and Ruins of Turkey* (Istanbul: Mobil Oil Türk A. S., 1970), p. 7. This is easily the best guide to Greco-Roman antiquities in Turkey. It may be ordered c/o The Public Affairs Department of the publisher, P. K. 600, Istanbul. *Biblical Sites in Turkey* by E. C. Blake and A. G. Edmonds (Istanbul: Redhouse Press, 1977) is disappointingly brief and superficial.

8) Henri Metzger, *Anatolia II* (London: Cresset, 1969), p. 191.

1920년대와 1930년대에 아스클레피온에서의 초기 착수가 있은 후, 에리히 뵈링거(Erich Boehringer)는 1958년에서 1963년 사이에 그곳에서의 발굴을 완료하였다.[9] 오스카 지그나우스(Oskar Ziegenaus)와 볼프강 라트(Wolfgang Radt)의 지휘하에 1971년 이래로 다시 시작된 최근의 노력들이 아크로폴리스 꼭대기 바로 아래의 경사면 위에 집중적으로 재착수되었다.

아크로폴리스를 굽어올라가는 대로를 따라서 아마도 지진이 발생한 이후인 A.D. 1세기에 초기 그리스식 건축양식으로 재 건축된 많은 새 건물들이 발굴되었다.[10] 이 때는 그 지역에 있던 소변기와 변소를 위해 있던 하수도와 배수관이 말끔히 제거되었던 때이기도 하다.

버가모에 있는 물저장 탱크와 배수관들은 인상적으로 처리되었다. 탄(W. Tarn)의 말에 의하면, "버가모에 있는 언덕에 물을 공급하기 위해 18기압 아래에서 쇠파이프를 통해서 2마일을 끌어올렸다"라고 한다.[11] 발굴자들은, 클라우디우스 황제 통치 하의 식수용 새 파이프가 최근 목욕탕이 발견되어진 바로 북쪽의 길에 설비되어 있었음을 발견해내었다.

잘 보존되어진 연극장(odeion)이나 강당(사진 II.5참조)이 노출되었으며 강당의 좌석열들이 복원되었다.[12] 또한 연극장 다음으론, 헤

---

9) Oskar Ziegenaus and Gioia de Luca, *Altertümer von Pergamon: Das Asklepieion* I & II (Berlin: W. de Gruyter, 1968, 1975).

10) W. Radt, "Pergamon: Vorbericht über die Kampagne 1976," *Archäologischer Anzeiger des Jahrbuches des Deutschen Archäologischen Instituts* (1977): 304-05.

11) W. Tarn and G. T. Griffith, *Hellenistic Civilisation,* 3rd ed. (London: Edward Arnold, 1952), p. 311. On Roman hydraulic engineering, see Vitruvius, *The Ten Books on Architecture,* tr. M. H. Morgan (New York: Dover, 1960 reprint of 1914 ed.), pp. 244-48.

12) W. Radt, "Pergamon: Vorbericht über die Kampagne 1977," *Archäologischer Anzeiger* (1978): 423-25.

룬(Heroon)이나 떠나간 영웅의 사당으로 사용되었던 '대리석 방'이 복구되었다. 그 가까이에선 식품가게가 드러났는데, 그곳에선 남은 곡식들이 구덩이 속에 들어 있었다.[13)]

케스텔(Kestel)댐의 범람으로, 버가모 동쪽 지역에 사는 터어키인들의 해난(海難)구조 관제실은 최근에 도자기 제조업자들이 일하고 있는 지역을 밝게 하기 위해 옮겨졌다. 그리스의 헬레니즘시대로부터 비잔틴시대까지 사용되었던 이 터에서 돌을 새긴 양각의 많은 그릇셋트와 줄모양의 장식과 원형의 양각을 위한 주형들이 출토되었다.[14)]

제우스 신전

칼 휴만(Carl Humann)은 A.D. 1,000년경 비잔틴인들이 제우스 신전의 일부분을 그들의 방어벽으로 재사용했다는 것을 발견했다. 한센(E. V. Hansen)은 "신들의 머리가 대부분 없어진 것으로 보아 초기 기독교인들이 그리스의 신전을 무너뜨린 것으로 추측된다"라고 했다.[15)]

'신전'(altar)이라는 단어는 어쩌면 와전된 것인지도 모른다. 신전구조는 거대한 열이 있는 법정과 같으며 흡사 말발굽 모양의 112 내지 120피트였고 신단의 높이는 18피트 정도였다. 건물 밑변의 446피트나 되는 거대한 장식띠는 신들과 거인들이 싸우는 광경을 묘사하고 있다. 이것은 헬레니즘 문화 양식 중 가장 꼽을만한 것 중의 하나이다.[16)](사진 Ⅱ.2-1 참조).

---

13) Radt, "Pergamon: Vorbericht über die Kampagne 1976," pp. 313-14.
14) M. Mellink, "Archaeology in Asia Minor," *AJA* 83(1979): 341.
15) Hansen, *Attalids of Pergamon,* p. 338.
16) T. B. L. Webster, *Hellenistic Poetry and Art* (New York: Barnes and Noble, 1964), pp. 189-91. The Altar of Zeus may have inspired the *Ara Pacis* ("Altar of Peace") of Augustus. See P. MacKendrick, *The Mute Stones Speak* (New York: St.

2. 버가모(Pergamum) · 41

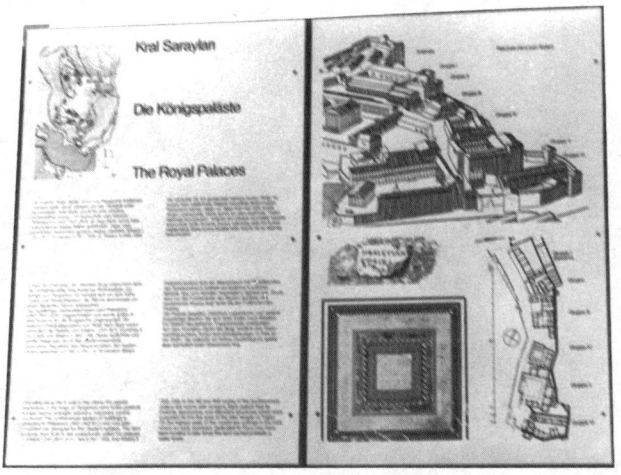

II. 2-1 제우스 신전의 상상도

주화모음을 보면, 오토 퍼쉬스틴(Otto Puchstein)은 20여년 동안 신전의 남은 대리석 조각들을 수집하려고 애를 썼다는 것을 알 수 있다. 그는 어쩌면 얼마간의 부분에서는 잘못된 고고학적 증거들을 수집했을지도 모른다.[17] 이렇게해서 모아온 신전은 1930년대에 세계 최초의 건축 박물관으로 건축된 버가모 박물관의 중앙 무대가 되었다. 현재 이 박물관은 동 베를린에 위치하고 있는데, 그 크기가 영국의 대영 박물관과 프랑스의 루불 박물관 다음인 세번째의 규모이다. 이 곳은 다른 유적들을 합해서 다시 복원시킨 바벨론의 느부갓네살왕의 성(城)을 갖추어놓고 있다. 세계 제 2차 대전 당시, 이 신전은 운좋게도 방공 대피소로 이용되었었으나, 연합군의 폭격을 받아서 파괴되고 말았다.

Martin's Press, 1960), pp. 156-70.
  17) Price and Trell, *Coins and Their Cities,* pp. 119, 122.

지금 버가모에서 찾아볼 수 있는 것은 신전의 밑바닥뿐이다 (사진 II.2를 참조).

II. 2 제우스 제단의 밑부분

도서관

아크로폴리스 윗편에 자리잡은 이 유명한 도서관은 이집트 알렉산드리아에 있는 도서관 다음으로 크다. 프톨레미 5세가 유메네스 2세에게 파피루스 파는 일을 거부했을 때, 버가모인들은 양과 염소가 죽으로 양피지(parchment, 라틴어로 [Pergamentum])를 생산해 내었다. 이 도서관은 안토니가 클레오파트라에게 제공한 당시 20만권의 책을 보유하고 있었던 것으로 전해진다.[18]

도서관으로 쓰였던 큰 홀은 13.5~16미터가 될 정도로 컸었다. 벽에 난 구멍들은 책꽂이로 이용되었음을 나타내준다. 추정하건대 중앙에 있는 방에는 만 이천 오백권 정도만 수용할 수 있었기 때문에

---
18) Hansen, *Attalids of Pergamon*, p. 274.

2. 버가모(Pergamum) · 43

나머지 것들은 다른 곳에 보관되었을 것이다.[19]

연극장

도서관과 아테나 신전 바로 남쪽에는 일만 명의 관객을 유치할 수 있는 가파르게 경사진 극장이 있었다(사진 II.3참조). 무대는 맨 윗줄로부터 122피트 아래에 자리잡고 있었다. 관객들은 아마도 긴 현관을 산책했었는지도 모른다. 극장으로부터 펼쳐져 있는 그 광경은 참으로 압권이다.[20]

II. 2-2 역자와 홍정길, 오정현, 이동원 목사와 함께(우로부터)(1990.4)

---

19) B. Götze, "Antike Bibliotheken," *Jahrbuch der Deutschen Archäologischen Instituts* 52 (1937): 230-37. Cf. R. Triomphe, "Sur le dispositif intérieur des bibliothèques antiques, " *Revue archéologique* 2 (1938): 248-51; C. Callmer, "Antike Bibliotheken," *Opuscula Archaeologica* 3 (1944): 145-93.

20) Daria de Bernardi Ferrero, *Teatri Classici in Asia Minore* III: *Città dalla Troade alla Pamfilia* (Rome: "L'Erma" di Bretschneider, 1970), pp. 23-33.

II.3
B.C 3세기에
세워진 연극장

체육관

체육관(Gymnasium)이란 단어의 어원은 그리스 단어 굼나시온 (γυμνάσιον)으로서, 운동선수들이 맨몸(굼노스: γυμνός)으로 연습하던 장소란 말로부터 유래된 것이다. 디모데전서 4:8에는 '육체의 연습'(굼나시아: γυμνασία)이란 단어가 언급되었다. 이 운동 경기장은 강의를 할 때도 사용되었었다. 소크라테스는 경기장에서 가르쳤다. 플라톤은 아카데미에 그의 학교를 설립했으며, 아리스토텔레스는 학원(Lyceum)에다 학교를 세웠었는데 둘 다 체육관이었다. 알렉산더

의 정복으로 경기장은 헬레니즘 시대의 문화변용의 주요 장소가 되었다.[21]

로마시대 때 이 경기장은 교육과 사회 공동생활의 가장 중요한 중심지가 되었다. 버가모에는 적어도 일곱 개가 있었으며, 밀레도와 두아디라에는 각각 세개씩 있었다. 사데에는 여성전용 체육관이 한 개 있었다.[22] 한프만(G.M.A. Hanfmann)은 체육관의 중요성에 대해 다음과 같이 정리한다. "시청, 회관, 휴게실, 학교, 황제숭배를 위한 장소와 같은 다양한 기능들을 지녔던 이 체육관들은, 오늘날의 소아시아 도시들에서는 주된 집결지로서의 궁궐이나 신전으로 대체되었다."[23] 로마시대의 경기장은 초기 그리스의 건물들과는 달랐다. 위철리(R.E.Wycherley)에 의하면 "로마시대의 운동경기 설립물은 옛 양식들이 계속 이어지고 있었음에도 불구하고 지나칠 정도로 호화스러웠다. 특히 이 경기장들은 공들여 만든 뜨거운 목욕탕을 제공하였다."[24]

그리스나 로마사회에서는 부유한 사람들이 도시 계획을 위하여 각

---

21) E. N. Gardiner, *Greek Athletics, Sports and Festivals* (London: Macmillan, 1910); J. Delorme, *Gymnasion* (Paris: E. de Boccard, 1960). On the Jews and Greek athletics, see H. A. Harris, *Greek Athletics and the Jews* (Cardiff: University of Wales Press, 1976); A. Kasher, "The Jewish Attitude to the Alexandrian Gymnasium in the First Century A. D.," *American Journal of Ancient History* 1 (1976): 148-61; M. Avi-Yonah, *Hellenism and the East* (Ann Arbor: University Microfilms, 1978), pp. 126-29. My student, Roger Chambers, has written a dissertaion on this topic, "Greek Athletics and the Jews: 165 B.C.— A.D. 70" (Miami University, 1980).

22) Magie, Roman Rule, vol. I, p. 652.

23) G. M. A. Hanfmann, *From Croesus to Constantine* (Ann Arbor: University of Michigan Press, 1975), p. 48.

24) Wycherley, *How the Greeks Built Cities,* p. 153. I have not seen F. K. Yegül, "The Bath-Gymnasium Complex in Asia Minor During the Imperial Roman Age" (Ph. D. dissertation, Harvard University, 1975).

자 그들의 부를 분배하기로 되어 있었다(예: 에라스투스의 기부제, 고린도의 회계원).[25] 그들의 기부에 대한 보답으로 그들의 동상과 기념비가 세워졌다.

> 그리스 도시 생활의 조직은 부자와 가난한 자 간의 상호작용으로 지탱이 되었었다. 부자들은 명예를 바라는 마음과 그들의 겸손한 동료 시민들로부터 관대하다는 부러움을 사고자 하는 마음으로 생활했는데, 반면 이러한 것들은 그들에게 정성이 깃든 영예를 줌으로 보상되어졌다.[26]

이외에 건물을 세우는 일이나 검투사 게임과 같은 오락을 제공하는 일 등을 하면서, 부자들은 자신이 경기장의 지배인(*gymnasiarchai*)으로서 그리고 코치(*agonothetai*)로서 대우받기를 기대하고 있었다. 지배인들은 운동 선수들을 위해 기름을 제공해주기로 되어 있었다. 코치는 기름뿐만 아니라 상패와 다과도 준비해야 했었다.[27]

버가모에 있는 세 개의 경기장은 언덕에 인접해 있었다: (1) 윗쪽의 경기장은 20세 이상의 청년 남자들에게, (2) 중앙의 경기장은 청소년들을 위해(사진 II. 4 참조), (3) 아래쪽의 경기장은 어린 소년들을 위한 것이다. 중앙 계단은 118피트의 길이로 500단으로 뻗쳐있다. 가깝게는 아주 잘 보존된 일련의 둥근 계단이 있었다. 이것은 그리스 시대에 손꼽을 만한 예 중 하나이다.[28] 윗편의 두 경기장은 젊은 청년들과 버가모 왕궁의 에베소인들이 많이 이용하였다. 밑에 있는 경기장은 교실들이 없었는데 서민층의 아이들이 이용하였다.

에베소의 등급에서 졸업을 한 후에도 그들 회원들끼리 협동조직을

---

25) E. M. Yamauchi, *The Stones and the Scriptures* (Philadelphia: J. B. Lippincott, 1972), p. 116.

26) C. P. Jones, *The Roman World of Dio Chrysostom* (Cambridge: Harvard University Press, 1978), p. 28.

27) Magie, *Roman Rule*, vol. I, pp. 652-54.

28) Hansen, *Attalids of Pergamon*, p. 254.

2. 버가모(Pergamum) · 47

II.4 청소년 경기장

만들어 계속 유지해나갔었다. 그들은 자금과 조직 및 직무자들을 갖추어 놓았다.[29] B.C. 2세기 중반의 승진 목록표를 보면 버가모의 인구가 약 십이만이었음을 추정할 수 있다.[30]

1974년부터 계속된 독일 발굴가들의 발굴들엔 음악당을 갖춘 복잡한 건물들(사진 II. 5참조), 목욕탕과 레슬링장(palaestra) 등이 포함되어 있다. 이것은 소형 경기장 또는 선수들을 위한 학교로서 설명되어진다.[31]

황제 숭배

버가모는 로마가 동맹국으로 승인한 아시아 도시들 중 하나이다.

---

29) W. M. Ramsay, *The Cities and Bishoprics of Phrygia* (Oxford: Clarendon Press, 1895), vol. I, p. 111.
30) Hansen, *Attalids of Pergamon,* p. 392.
31) M. J. Mellink, "Archaeology in Asia Minor," *AJA* 80 (1976): 282.

II.5 작은 음악당

B.C. 133년에 아탈루스 II세는 그의 왕국을 로마인들에게 양도했다. 쥴리어스 시이저는 B.C. 63년 초 이곳에다 동상을 세워 숭배를 받았다. 버가모는 그 명성을 에베소에 양보하기 이전[32] 얼마간이나 중심 도시로서 있었는지는 모르나, 이것은 사실이며, 로마의 황제들을 숭배하는 곳으로 가장 중요한 지역으로 유지되어 왔다. 람세이는 다음과 같이 관찰했다:

    이 곳은 성스러운 아우구스투스 숭배를 기린 최초의 아시아 신전

---

32) Hemer, "Unto the Angels," p. 72.

이 세워졌던 곳이며, 40년 이상 모든 지방에 대한 황제 신봉을 집결하는 곳이기도 했다. 후에 서머나에 두번째의 아시아 신전이 세워졌으며, 세번째로는 에베소에 신전이 세워졌다. 그러나 그들은 버가모에 있는 최초의 아우구스투스 신전 다음가는 것들이었다.[33]

버가모 사람들은 아우구스투스의 생일을 맞아 성가대의 찬양 40곡으로 그를 찬양하였다.[34] 인홀트(H. Ingholt)는 유명한 아우구스투스 황제 동상이 한때는 아테나 신전의 앞 근처에 있었다고 주장하였다.[35] 그는 엘라가발루스(Elagabalus)까지 이어진 황제 서열 중에 최초로 버가모 지역에 동상을 세워 찬양을 받았던 자이다.[36]

가장 돋보이는 황제 성소는 트라얀 신전(그림 3)으로 그의 양아버지이자 전임자인 이 분의 명예를 기리기 위해 하드리안 황제가 세웠다. 가로 68미터, 세로 58미터 규모의 트라얀 신전은 도시 성곽(acropolis)의 가장 높은 곳에 세워졌다. 이제까지 아시아의 어느 곳에서도 트라얀 왕만큼 눈부신 신전터를 세운 적이 없었다. 신이 된 트라얀과 제우스는 새로운 축제로 높임을 받았다. 후에 신이 된 하드리안도 이 곳에서 숭배되었다.[37] 초기 발굴에서 거대한 대리석으로 만들어졌던 하드리안과 트라얀의 머리가 다시 복원되었고, 현재는 독일 베를린 박물관에 소장되어 있다. 1974년부터 근래에까지 계속된 복원 작업에서 왼쪽 손과 구두 신은 발이 발견되었다. 이들은 아

---

33) Ramsay, *Letters to the Seven Churches,* p. 294. Cf. Price and Trell, *Coins and Their Cities,* p. 192.

34) Magie, *Roman Rule,* vol. I, p. 448.

35) H. Ingholt, "The Prima Porta Statue of Augustus," *Arch* 22 (1969): 176-87, 304-18.

36) C. C. Vermeule, *Roman Imperial Art in Greece and Asia Minor* (Cambridge: Harvard University Press, 1968), pp. 214, 229ff., 455-56.

37) Magie, *Roman Rule,* vol. I, p. 594; Akurgal, *Ancient Civilizations,* p. 82; Jones, *Roman World,* p. 117. for a numismatic view of the temple, see Price and Trell, *Coins and Their Cities,* p. 16.

마도 거대한 트라얀과 하드리안의 동상들 중 그 일부분이었는지도 모른다.38)

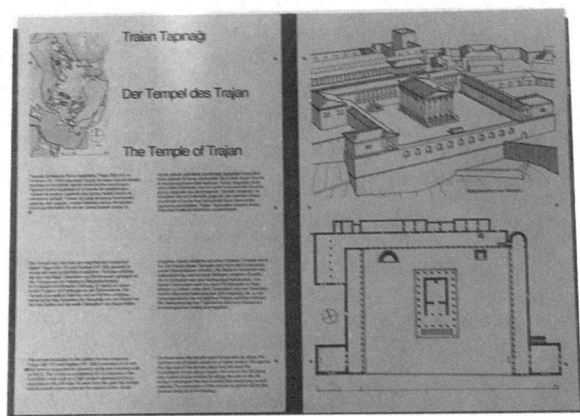

II. 5-1 황제숭배의 트라얀 신전 상상도

카라칼라(Caracalla) 통치하인 3세기 초까지 버가모는 황제 신전의 네오코로스(δὶς νεωκόρος; 두배의 문지기 뿐 아니라, τρὶς νεωκόρος; 세배의 문지기)로서 칭송을 받았었다. '네오코로스'란 말은 문학적으로 보면 '신전 청소부'인데 이것이 아데미 신전과 관련되어 쓰인 에베소시대에는 명예스러운 직책이 되었다.39)

---

38) M. J. Mellink, "Archaeology in Asia Minor," *AJA* 82 (1978): 330; Radt, "Pergamon: Vorbericht über die Kampagne 1977," p. 428.
39) Yamauchi, *The Stones and the Scriptures,* p. 119.

신 전

가장 중요한 신전들의 하나는 데메테르(Demeter)와 페르세폰(Persephone)에게 헌납된 것으로서 도시 성곽의 경사진 북쪽편에 위치하고 있다(사진 II. 6, 7 참조). 뚝에 있는 계단들은 아마도 데메테르에 대한 성스러운 의식을 표하는 곳으로 사용되었는지도 모른다. 아마도 아테네의 서쪽에 위치한 엘리우시스에 있는 신전들의 계단들과도 유사할지 모른다.[40]

버가모에 지금까지 서있는 가장 거대한 건물은 붉은 교회(Red Basilica) 또는 홀(Hall)이라고 불려지는 건물로 언덕 밑부분에 자리하고 있다(사진 II.8 참조). 트라얀 아니면 하드리안에 의해 세워졌

II.6 신전(Temples, B.C. 3세기 경)

---

40) C. Kerényi, *Eleusis* (London: Routledge & Kegan Paul, 1967).

II.7 신전의 가장 큰 제단

을 이 건물은 세라피스, 이시스(Isis), 그리고 하포크라테스(Harpocrates)와 같은 이집트의 신들을 위하여 만들어진 신전이다. 건물과 건물 내부의 뜰은 가로 100미터 세로 200미터의 크기이다.[41]

II.8 붉은 교회는 A.D. 2세기초에 세워졌다(일명: 버가모 교회)

---

40) C. Kerényi, *Eleusis* (London: Routledge & Kegan Paul, 1967).

중앙 건물은 지면에서 16미터 높이이며 두 개의 둥근 탑들 옆에 위치하고 있다. 보이드(D. Boyd)는 이 성소에 대해 설명하기를 "건물 밑의 구멍은 지하실로 통하는 통로를 두고 있는데, 아마도 사제들이 신의 사람으로서 대화하기 위해 의식을 치루려 이 곳으로 들어갔던 것같다"⁴²⁾ 라고 한다. 이 건물은 비잔틴 시대 때 사도 요한에게 헌당된 것으로 후에 교회로 바뀌어졌다. 왼쪽편 둥근 탑은 오늘날 회교사원으로서 사용되고 있다.⁴³⁾

극장 동쪽에서 진행 중인 근래의 발굴을 통해서, 가로 24미터, 세로 10미터의 '연단 홀'(podium hall)이 발견되었다. 이것은 미드라스(Mithras) 아니면 아티스(Attis)의 성소일 것이라고 추측하고 있는데 이를 증명할 만한 정확한 단서는 찾지 못하고 있다.⁴⁴⁾ 예배를 드리는 자들은 건물 안쪽에 있는 폭 2미터 높이 1미터의 작업대들을 제물을 드리는 제단으로 썼던 것 같다. 건물 외부에는 뼈들이 들어 있는 통이 있었는데 이것은 아마도 황소를 잡아 제물로 드리는 토로볼리움(taurobolium)이라 불리는 의식에서 나온 듯하다.⁴⁵⁾

---

41) Akurgal, *Ancient Civilizations*, p. 103.

42) D. Boyd, "Pergamum,' *IDBS*, p. 654. Compare the trickery of the quack Alexander, who used the windpipes of cranes to make it appear that a snake could speak (Lucian, *Satirical Sketches*, tr. Paul Turner [Harmondsworth: Penguin, 1961], p. 233).

43) R. Salditt-Trappmann, *Tempel der ägyptischen Götter in Griechenland und an der Westküste Kleinasiens* (Leiden: E. J. Brill, 1970), pp. 10ff.

44) W. Radt, "Pergamon, 1976," *AS* 27 (1977): 50-51; M. J. Mellink, "Archaeology in Asia Minor," *AJA* 81 (1977):310-13.

45) Radt, "Pergamon: Vorbericht über die Kampagne 1977," pp. 418-19. On the cults of Mithras and of Isis, the *taurobolium*, and alleged relations to Christianty, see M. J. Vermaseren, *Mithras, The Secret God* (London: Chatto & Windus, 1963); R. Duthoy, *The Taurobolium* (Leiden: E. J. Brill, 1969); G. Wagner, *Pauline Baptism and the Pagan Mysteries* (Edinburgh: Oliver & Boyd, 1967); B. Metzger, *Historical and Literary Studies* (Grand Rapids: Wm. B. Eerdmans, 1968). pp. 11ff.; E. M. Yamauchi, "Easter—Myth, Hallucination, or History?" *Christianity Today* 18.12(1974): 4-6.

신전과 예배당의 벽감(cult niche, 壁龕)도 발견되었다. 건물의 한 쪽 벽에서는 푸른 바지 위에 하얀 예복을 입은 동양적인 남자상이 있는데 불행히도 이 상의 위쪽 부분들은 다 파손되어 있었다. 이 상은 남자가 포도나무 덩쿨 그늘 밑에 서있는 모습이다. 앞뜰 안쪽에는 우물이 하나 있는데 이것은 아마도 성스러운 예식 때 쓰여졌던 모양이다. 방 서편에서는 프리지아(옛날 소아시아에 있었던 나라-역주) 모자를 쓴 밀폐된 상이 발견되었는데 아마도 미드라스(Mithras)나 아티스(Attis)의 상인 것 같다.[46] 이 건물의 전성기는 A.D. 2세기와 3세기였다.

아스클레피온*신전

도시 성곽 남서쪽에 있는 아스클레피오스(Asklepios)는 유명한 성소로, 그리스에 있는 에피다우루스(Epidaurus) 다음으로 아주 중요한 치료센터가 되었다(사진 II. 9~11 참조).[47] 아스클레피오스(Asklepios)의 숭배는 B.C. 350년경에 에피다우루스로부터 버가모에 소개되었다. 고고학적, 문학적 증거물을 통해 볼 때 이 성소는 A.D. 2세기 때 가장 명성을 떨쳤던 것으로 알려지고 있다.[48] 이 성소는 또한 820미터 길이의 '성스러운 길'(Sacred Way)과 근접해 있다. 1968년 발굴가들은 열주가 있는 로마거리의 140미터에 달하는

---

46) Radt, "Pergamon: Vorbericht über die Kampagne 1976," p. 311.

*역자주: 아스클레피온 신은 헬라의 신 중에 치료의 신으로 불리우고 있다.

47) E. J. and L. Edelstein, eds., *Asclepius* (Baltimore: Johns Hopkins University Press, 1945); C. Kerényi, *Asklepios* (Princeton: Princeton University Press, 1959); A. Charitonidou, "Epidaurus: The Sanctuary of Asclepius," in *Temples and Sanctuaries of Ancient Greece,* ed. Evi Melas (London: Thames and Hudson, 1973), pp. 89-99.

48) Ziegenaus and de Luca, *Altertümer von Pergamon,* vol. I, p. 10.

II.9 아스클레피온 신전

부분을 깨끗이 치웠다.[49]

　아스클레피온은 가로 110, 세로 130미터를 확보하고 있으며, 세 군데에 스토아(주랑)를 갖추고 있다. 하나는 북동쪽에서 성소 경내로 들어오는 것이다.[50] 이 구석쪽에 하드리안에게 헌납된 방이 있는데,

---

　49) O. Ziegenaus, "Pergamon, 1969," *AS* 20 (1970): 19; M. J. Mellink, "Archaeology in Asia Minor," *AJA* 74 (1970): 173.
　50) Akurgal, *Ancient Civilizations*, p. 108.

II.10 아스클레피온 신전, 치료하는 병원

II.11 성스러운 우물

이것은 작은 도서실로 쓰였었다. 북서쪽 모서리에는 3,500명을 수용하는 비교적 작은 극장이 하나 있다. 남서쪽 모서리에는 세면소들이 있는데 한군데는 남자들을 위한 곳으로, 대리석으로 장식된 40개의 자리를 갖추어 놓고 있다. 또 하나는 좀 작은 곳으로 여성들을 위해 17개의 자리가 마련된 세면소가 있다.

남동쪽 모서리에는 2층으로 된 원기둥 모양의 건물로서(26.5미터) 6개의 기둥(apse)이 서있는데 치료센터로 사용되었다. 옆으로 아스클레피오스(Asklepios)의 둥근 신전이 있는데 이것은 A.D. 145년경에 판테온을 모델로 지은 것이다. 이 돔(dome)은 지름이 43.5미터이다. 병원에서 성스러운 연못으로 이어지는 북서쪽에는 80미터의 긴 터널이 있다. 이 성스러운 샘과 연못은 질병을 치료하는데 필요한 물과 진흙을 공급해주었다.

우리는 이름난 웅변가이자 고질병 환자였던 알리우스 아리스티데스(Aelius Aristides)가 쓴 글에서 버가모의 환자들이 어떤 류의 치료를 받았던가를 생생히 볼 수 있다. 아리스티데스는 A.D. 118년에 무시아에서 출생했다. 그는 서머나, 버가모 그리고 아테네에서 수학한 후, 아주 훌륭한 전문가로서 일하기 시작했다. 그러나 천연두, 호흡기 질환과 장 질환으로 그는 몇 년간 버가모 아스클레피온 신전 같은 데서 요양을 해야 했다.[51] 그는 산성 백토(白土)와 방혈(放血)을 참아냈고 추운 겨울날 맨발로 뛰었으며, 물이 불은 강에서 목욕을 하였고, 또 뜨거운 태양 아래서 50마일을 걸었다.[52] 다른 환자들과 마찬가지로 그도 잠복기(incubation) 의식을 수행하였다.

> 병에 걸린 남자들은 병의 잠복 중의 의식(儀式)을 수행하기 위해서 아스클레피우스(Asclepius)의 신전에 왔다. 말하자면 이것은 그들이 신전에 와서 잔 그 밤(또는 가끔은 그 낮)에 신 아스클레피우스(Asclepius, 일명 치료신-역주)가 그들의 병을 기적적으로 고쳐주거나 아니면 그 신이 그들의 꿈에 나타나서 그들로 하여금 스스로 병을 고칠 수 있게 치료처방을 가르쳐주는 불가사의한 방법을 기대했다.[53]

---

51) C. A. Behr, *Aelius Aristides and the Sacred Tales* (Amsterdam: A. Hakkert, 1968), pp. 164-68.
52) Ibid., pp. 37-39.
53) Ibid., p. 34.

버가모는 고대의 가장 뛰어난 의사 중 하나인 갈렌(Galen, A.D. 129년 출생)의 출생지였다. 그는 서머나, 알렉산드리아 그리고 고린도에서 공부한 후, 마르쿠스 아우렐리우스, 코모두스, 셉티미우스 세베루스 등의 황제들을 위해 궁중 주치의로 봉사했다.

3
두아디라
(THYATEIRA)

위 치

두아디라는 요한계시록(계 1:11, 2:18,24)에 등장하는 일곱 도시들 중 하나이며, 버가모 내륙에서 남동쪽으로 35마일 정도 떨어진 곳에 위치하고 있다. 이 곳은 마케도니아의 식민지였으며 로마시대 당시에는 플리니 장로에 의하여 '하찮은 지역'[1]이라고 불렸다. 이 장소는 오늘날 터어키 지역으로 악히사르(Akhisar)란 이름으로 5만명의 인구가 살고 있다.

비문들

몇 개의 기념비들이 발굴되었다. 그들 중 하나는 B.C. 10~6년경쯤 코넬리우스 스키피오(P.Cornelius Scipio)가 세관들 또는 신전 부지를 비싼 세율로 빌린 것에 대해 두아디아인들에게 보내는 편지

---

1) R. C. Trench, *Commentary on the Epistles to the Seven Churches in Asia* (Minneapolis: Klock and Klock, 1978 reprint of the 1897 edition), p. 144.

이다.[2] 초기 황제의 한 기념비를 보면 문자 그대로, '기름을 바른 사람들' (οἱ ἀλειψόμενοι, 예를 들자면 운동선수들)이 레피도스 (Lepidos)의 아들인 가이우스 쥴리우스 마르쿠스(Gaius Julius Marcus)를 '아시아의 최고의 사제이자 재판관' (아고노데테스: αγωνοθετης)이라 칭송했던 기록이 있다[3](τὸν ἀρχιερέα τῆς 'Ασίας καὶ ἀγωνοθέτην). 도미티안의 통치로부터 A.D. 92년 까지로 날짜가 적혀있는 두 나라말로 씌여진 이정표가 있다.[4]

이 옛터는 현재 사람들이 거주해서 살고 있기 때문에 제한된 발굴을 할 수밖에 없다. 오토 메이나르두스(Otto Meinardus)는 다음과 같이 기록하고 있다:

> 악히사르(Akhisar: 두아디라의 현재 지명-역자주)의 중심부 언덕에 있는 무덤에서의 최근의 발굴을 통해서 A.D. 2세기의 로마 거리의 일부분과 스토아(주랑)의 일부와, 또한 6세기의 행정관청의 벽이 발견되었다. 아마도 이것들은 그리스도인들의 건물들의 붕괴를 나타내고 있는지도 모르며, 더욱이 이 도시에서의 초기 크리스챤들의 유적을 밝혀줄 자료를 제시해 주는지도 모른다.[5]

---

2) R. K. Sherk, *Roman Documents from the Greek East* (Baltimore: Johns Hopkins University Press, 1969), pp. 338-40.

3) *Documents Illustrating the Reigns of Augustus and Tiberius,* ed. V. Ehrenberg and A. H. M. Jones, 2nd ed. (Oxford: Clarendon Press, 1976), p. 157, #353.

4) *Select Documents of the Principates of the Flavian Emperors,* ed. M. McCrum and A. G. Woodhead, 2nd ed. (Cambridge: Cambridge University Press, 1966), p. 117, #422.

5) Otto F. A. Meinardus, *St. John of Patmos and the Seven Churches of the Apocalypse* (Athens: Lycabettus, 1974), p. 100.

3. 두아디라(Thyateira) · 61

III.1 비잔틴 시대에 세워진 두아디라 교회 앞부분

길드와 자주빛 옷*

두아디라는 문학에서도 거의 언급이 없으므로, 이 도시에 대한 우리들의 지식은 거의 대부분이 비문들과 동전에 의존하고 있을 따름이다. 쥴리오-클라우디안(Julio-Claudian) 시대의 비명들은 대부분 남아 있지 않다.[6] 그러나 플라비안(Flavian) 시대의 비문들, 특히 이 정표들은 많이 있다.[7] 두아디라에서 발견된 동전들은 아폴로 티림네우스(Apollo Tyrimnaeus)와, 아테네/로마의 신전과 세베루스 알렉산더(Severus Alexander) 통치하의 로마 신전을 묘사하고 있다.[8]

---

*역자주: 자주빛 옷은 옛날 부자들이 입던 옷이며, 길드는 상공업자들의 동업조합이다.

6) C. C. Vermeule, *Roman Imperial Art in Greece and Asia Minor* (Cambridge: Harvard University Press, 1968), p. 218.

7) Ibid., pp. 237, 462.

8) M. J. Price and B. L. Trell, *Coins and Their Cities* (Detroit: Wayne State

헤머(C.J. Hemer)는 이 자료들에서 드러나는 하나의 특색을 지적하고 있다:

> 두아디라에 대한 현저한 점 중의 하나는 극히 적은 자료들에서 뚜렷이 나타나는 상업조합의 출현이다. 이러한 예들은 의류의 조합, 빵굽는 자들의 조합, 구두장이의 조합, 옹기장이 조합, 직조업자들의 조합, 양모업자 조합, 노예 매매인 조합, 구리세공인과 염색하는 사람들의 조합들에서 볼 수 있다.[9]

Ⅲ.2 이세벨 신전의 모습

헤머(Hemer)는 요한계시록 1:15과 2:18에 나오는 아주 드문 단어인 '챨고리바논'(*Chalkolibanon*, 'fine brass' 좋은 놋쇠)은 지방 금속 세공인들의 특수한 합금속을 언급한 것으로 이해했다.[10]

University Press, 1977), pp. 196, 269.

9) C. J. Hemer, "Unto the Angels of the Churches," *BH* 11(1975): 110.

10) Ibid., pp. 113-14; cf. Robert H. Mounce, *The Book of Revelation* (Grand Rapids: Wm. B. Eerdmans, 1977), pp. 101-02.

3. 두아디라(Thyateira) · 63

　가장 중요한 조합들 중에는 방직에 관계된 것들이 있다. 이것은 두아디라 뿐 아니라 사데, 밀레도, 골로새, 라오디게아, 그리고 히에라폴리스(Hierapolis)에서도 중요했던 것이 사실이었다.[11] 우리는 또한 직조하는 일이 소아시아에 사는 유태인들의 가장 대중적인 직업들 중의 하나였다는 것을 알고 있다.[12]

　바울이 빌립보에서 복음을 전파했을 때, 그는 두아디라에서 자주빛 천장사 루디아(Lydia)란 여인을 만나 개종시켰다(행 16:14). 루디아란 이름은 의심할 여지없이 두아디라가 리디아(Lydia)땅에 위치했었다는 사실로부터 근거하고 있음이 분명하다(그림 1과 2를 참조). 메이나르두스(Meinardus)의 보고에 의하면 1872년에 메르찌데스(Mertzides) 교수는 빌립보에서 다음의 그리스 문헌이 발견되었다고 말했다. "이 도시는, 자주빛 염색공들 사이에서 아주 두드러지는 시민이자 후원자이며, 리쿠스(Lykus)의 아들인 두아디라 태생의 안티오쿠스(Antiochus)로부터 대단한 찬사를 받은 도시이다."[13] 데이비드 메기(David Magie)는 "두아디라에 염색공 조합들이 두드러지게 확연히 번창했던 것을 보면 유별나게 염색 조합과정이 중요했었던가 보다"라고 관찰했다.[14]

　진짜 자주빛 염색은 페니키아인들*이 주로 낡은 자주색 조개껍질(murex shell fish)에서 얻은 것으로서, 그 당시 유난히 빠른 시간 내에 염색이 가능했던 것으로 알려졌다. 그래서 자주빛은 왕족과 부유함을 나타내는 가장 좋은 상징이 되었었다. 빌립보에서의 바울의

---

　11) David Magie, *Roman Rule in Asia Minor* (Princetion: Princeton University Press, 1950), vol. I, p. 47.
　12) S. Safrai and M. Stern, eds., *The Jewish People in the First Century* (Philadelphia: Fortress Press, 1974), vol. I, p. 716. The word *Tarseus* was synonymous with linen weavers.
　13) Meinardus, *St. John,* p. 93.
　14) Magie, *Roman Rule,* vol. I, p. 48, n. 80.
　*역자주: 페니키아인은 지금의 시리아 연안에 있던 나라의 사람들.

선교사역이 있은 얼마 후에, 네로 황제는 성공은 못하였지만 가장 고상한 자주빛의 제품을 황제와 관련된 것에만 사용케 하려고 했었다.[15] 2세기 때 크리소스톰(Dio Chrysostom)*은 여전히 다소의 정치인들이 맨 앞좌석을 좋아하는 것과 금관들, 그리고 자주빛 의복을 좋아하는 것에 대해 꾸짖어 주의를 주었었다.[16]

루디아와 같은 두아디라인들이 팔았던 자주빛 옷감들은 실상은 진짜 자주빛이 아니었다.[17] 그녀가 팔았던 염색 옷감은 필시 지방의 꼭두서니(madder) 식물에서 추출된 물감으로 채색된 것이었음이 분명하며, 결과적으로 이제는 '터어키의 빨강'으로 알려진 색소가 되었다.[18] 1453년에 콘스탄티노플의 멸망함과 함께 진짜 자주빛 예술이 사라졌을 때, 교황 바울 II세(Pope Paul II)는 이제부터 추기경의 의복들을 연지벌레에서 추출한 양홍빛으로 염색하라고 선포하였다.[19](11장 히에라폴리스 방직 참조)

---

15) Suetonius, *De Vita Caesarum,* "Nero" 32; M. Reinhold, "The History of Purple as a Status Symbol in Antiquity," *Collection Latomus* 116 (1970): 50; Wolfgang Born, "Purple in Classical Antiquity," *CIBA Review* 1-2 (1937-39): 110-19.

*역자주: 크리소스톰(Dio Chrysostom)은 후대 속사도 교부로서 콘스탄티노플(현 이스탄불) 성 소피아 교회의 감독이었고, 명설교가로서 강단을 지켰다.

16) C. P. Jones, *The Roman World of Dio Chrysostom* (Cambridge: Harvard University Press, 1978), p. 81.

17) F. F. Bruce, *Paul: Apostle of the Heart Set Free* (Grand Rapids: Wm. B. Eerdmans, 1977), p. 220, errs on this point.

18) W. M. Ramsay, *Letters to the Seven Churches* (Grand Rapids: Baker, 1979 reprint), pp. 325-26; Hemer, "Unto the Angels," p. 112.

19) Reinhold, "Purple as a Status Symbol," p. 70.

4
서머나
(SMYRNA)

위 치

서머나는 북쪽으로 에오리스(Aeolis)와 남쪽으로 이오니아(Ionia)와의 경계에 있는, 에베소에서 약 35마일 북쪽 해면에 위치하고 있었다. 서머나는 사데를 지나 헬무스 계곡(Hermus Valley)을 관통하

Ⅳ.1-1 옛 서머나 지역. 지금은 도심권을 형성하고 있다.

여 내부로 들어가는 기점 역할을 하는 중요한 길목이었다. 로마시대 때 서머나는 인구가 십만 명을 넘었었다.

서머나는 바깥쪽으로 항구를 갖고 있으며, 안쪽으로 오랜 시일 동안 막혀져 있던 내쪽 만을 갖고 있다. 터어키의 중요한 이즈밀(Izmir) 항구는 서머나의 옛 유적물들의 흔적을 숨기고 있다.

신약성경의 언급

서머나에 대한 자료들은 요한계시록에 나오는 것으로, 그것의 위치는 주님에 의해서 불리워진 7대 도시들 중의 하나이다(계 1:11, 2:8). 뒤따르는 언급들을 고려해보면 고난과 유태인들의 적개심을 경고한 것들이 매우 심각하다.

역사적 배경

서머나는 B.C. 1,000년 초에 그리스에서 온 에오리안(Aeolian) 이주민에 의해서 창건되어, 고대에는 이오니아(Ionian)의 도시가 되었었다. 전통에 의해서 서머나와 호머(Homer)*를 연관시켜 생각한다. 1948년에서 1951년까지 쿡(J. M. Cook)의 발굴 결과, 광범한 고대 서머나의 유적물이 바이락클리(Bayrakli: 터어키 현재지명)라고 불리는 정부소유의 과수원 중앙에서 발견되었다(사진 IV. 1 참

---

*역자주: 호머는 일리아드 오딧세이(서사시)를 저술한 대표시인으로서, 트로아에서 활동은 했지만 그의 고향은 바로 서머나였다.

1) J. M. Cook, "Old Smyrna, 1948-51," *Annual of the British School at Athens* 53-54 (1958-59): 1-34; idem, *The Greeks in Ionia and the East* (New York: F. Praeger, 1963), pp. 70-74.

Ⅳ.1 구 서머나 지역에서 발굴된 유적물

조).[1] 발굴자는 헤로도투스(Herodotus)가 보고한, 리디아인들이 그 도시를 공격했다라는 확증을 뚜렷이 증명할 증거물을 발견했다.

B.C. 6세기와 5세기 동안의 쇠퇴기를 거친 후 그 도시는 4세기 후반에 그 옛도시의 남쪽 3마일 되는 지점에서 새로운 모습으로 재건되었다. 구전에 의하면 알렉산더가 그 도시를 다시 건립하라고 명령했다고 한다. 헬레니즘 양식의 정착을 수립했던 사람은 안티고누스(Antigonus)였다.

이 도시의 아름다움

역사가 키케로(Cicero)에 의하면, B.C. 1세기에 서머나는 가장 융성했던 아시아의 도시들 중 하나라 할 수 있으며, 스트라보(Strabo)는 가장 훌륭했던 이오니아인(Ionian)들의 도시로 묘사하였다. 서머나는 눈부신 포장도로로 명성이 높았으며 그것은 '아시아의 장식' (ἄγαλμα τῆς 'Ασίας)으로 알려졌다. 웅변가인 알리우스 아리스티데스(Aelius Aristides)는 그 도시에 대해 이렇게 자랑했다:

> 모든 장식품들은 육체와 영적 기회에 충분한 휴식을 제공해주고 필요한 노동력을 용이케 할 목적으로 고안되었으며 신전들, 목욕탕, 항구들, 경마장 등등과 연합해서 생겨났다.[2]

신 피타고리안(Neo-Pythagorean)의 현인인 탸나의 아폴로니우스(Apollonius)도 역시 이 도시의 외적 아름다움에 대해 언급하고 있다:

> 그는 서머나인들이 모든 종류의 지식을 간절히 추구했던 것을 보았고, 그래서 그들을 격려해 주고 그들에게 더 많은 열망을 불어넣어 주었다. 그는 그들에게 그들 도시의 모습으로 인해서 보다, 그들 자신들로 인해 더욱 큰 자긍심을 가져야만 한다고 말했다; 비록 그곳이 바다와 어우러져 배치되어 있고, 언제나 서풍이 불어오는 지구 위의 가장 아름다운 도시라 할지라도, 도시의 아들들이 주랑(柱廊), 그림들 그리고 충분한 금들보다도 더욱 훌륭한 장식품이었다.[3]

황제 숭배

B.C. 195년에 서머나는 로마 도시의 숭배를 위해 신전을 세운 소아시아에 있는 최초의 도시가 되었다. 아시아의 11개 도시가 황제 숭배를 위한 '신전 청소부'(neōkoros)로 선출되어지는 영예를 받으려고 경쟁하고 있었던 황제시대 초기에, 티베리우스(Tiberius)는 서머

---

2) See C. J. Cadoux, *Ancient Smyrna* (Oxford: Basil Blackwell, 1938), p. 275.
3) Philostratus, *Life of Apollonius,* tr. C. P. Jones (Harmondsworth: Penguin, 1970), IV. 7, p. 90.

나를 선택했다(Tacitus, *Annals* III,63 IV. 56:로마의 역사가). 서머나의 동전에는 로마 신전과 티베리우스(Tiberius) 신전, 하드리안(Hadrian) 신전, 또한 티케(Tyche) 신전과 네메시스(Nemesis) 신전을 묘사해 놓고 있다.[4] 도미티안(Domitian) 황제 때의 동전에는 9주식 신전이 그려져 있다.[5]

황제들에게 서머나의 충성을 묘사하고 있는 다른 것들로는, 네로 황제의 모습이 담긴 동전을 포함해서 티투스(Titus)와 도미티안(Domitian) 황제에게 헌납된 것들이 있다.[6] 도미티안 황제와 트라얀 황제, 그리고 하드리안 황제의 동상들이 또한 발견되었다.[7] 이들 중 몇 점은 이즈밀(Izmir) 박물관에 소장되어 있다.

공로 기념비

트라얀 황제의 아버지는 서머나에다 수로를 건설했다. 지방총독 베비우스 툴루스(L. Baebius Tullus)가 A.D. 102~112년 사이에 건설한 이 수로를 다시 보수했다는 사실을 말해주는 몇 개의 비명들이 발견됐다.[8]

아리스티데스(Aristides)의 선생인 폴레모(Polemo)는 라오디게아(Laodieca)에서 태어났으나 서머나에 정착해서 살았다. 그는 하드리안 황제를 설득해서 25만 드라크마를 서머나에 투자하도록 했다. 필로스트라투스(Philostratus)에 의하면 이 돈들은 곡물 시장과 아

---

4) M. J. Price and B. L. Trell, *Coins and Their Cities* (Detroit: Wayne State University Press, 1977), pp. 215, 268.

5) Ibid., p. 32.

6) M. Grant, *Nero* (New York: American Heritage, 1970), p. 232.

7) C. C. Vermeule, *Roman Imperial Art in Greece and Asia Minor* (Cambridge: Harvard University Press, 1968), p. 468.

8) Ibid., p. 252.

시아에서 가장 웅장한 경기장과 만(灣)을 한눈에 내려다 볼 수 있는 제우스의 신전을 세우는 데 쓰여졌다고 한다.[9]

이 건물들이 위치한 곳들을 우리는 거의 다 알고 있지만, 광장을 제외한 거의 모든 아름다운 그리스-로마식 서머나의 공공 기념물들을 회복시킬 수는 없었다. 파고스 산의 북서쪽 경사에 위치하여 2만명의 관객을 수용할 수 있었던 극장 유물들은 지금은 하나도 남아 있지 않다.[10] 서쪽 경사로에 위치했던 경기장은 금세기 초까지 윤곽이 좀 남아 있었지만 지금은 그 흔적을 찾아보기가 힘들다.[11] 버뮬레 (C.C. Vermeule)는 설명한다:

> 상업의 번성과 동전들을 통해볼 때 서머나는 틀림없이 더욱 많은 장엄한 예술품들을 만들었을 것이다. 그러나 그리스-로마 도시에는 중세기부터 현재까지 계속적으로 사람들이 살아왔고 대부분의 옛 건물들은 오래 전에 사라졌다.[12]

발굴된 그리스-로마식 서머나의 유일한 중심 지역은 집회장소 (state agora)였는데 오늘날은 주택가에 둘러싸여 있다. 1932년과 1941년 사이에 루돌프 나우만(Rudolf Naumann)과 살라하틴 칸타르(Salahattin Kantar)는 집회터의 가장 큰 안뜰을 발견했다. 이 안뜰의 가로는 120미터이고 세로는 80미터로서 둥근 원형의 지하실과 2층의 퍼티코(Portico, 기둥으로 받혀진 지붕)가 특징이다(그림 IV, 2와 3 참조).

---

9) David Magie, *Roman Rule in Asia Minor* (Princeton: Princeton University Press, 1950), vol. I, p. 615; Fergus Millar, *The Emperor in the Roman World* (London: Duckworth, 1977), pp. 421, 453.

10) Magie, *Roman Rule,* vol. II, p. 1446.

11) Cf. E. Akurgal, *Ancient Civilizations and Ruins of Turkey,* 2nd ed. (Istanbul: Mobil Oil Türk A. S., 1970), p. 121, with W. M. Ramsay, "Smyrna," *Encyclopedia Britannica* (11th ed., 1910), vol. XXV, p. 281.

12) Vermeule, *Roman Imperial Art,* p. 70.

Ⅳ.2 그리스-로마 도시의 시장터(옛 서머나지역)

A.D. 177-178년에 발생한 아주 커다란 지진이 이 도시를 거의 황폐시켜 놓았다. 아리스티데스(Aristides)는 마르쿠스 아우렐리우스(Marcus Aurelius) 황제에게 서머나-아시아의 영광-가 쓸모없게 변해 버렸다고 했다. 이 황제는 너무도 마음이 아파서 눈물을 흘렸다고 한다. 그는 이 도시에다 10년 동안 세금을 면제해 주고 다시 재건하도록 경비를 마련해주는 아량도 베풀었다. [13] 발굴가들이 발견한 조각들 중에는 황제 가족의 신상들과 지방 신들의 3인조 대리석들과 황제들의 선행을 기록한 비명들이 있었다.[14]

---

13) Magie, *Roman Rule,* vol. I, p. 666; Millar, *The Emperor,* pp. 208, 423; C. A. Behr, *Aelius Aristides and the Sacred Tales* (Amsterdam: A. M. Hakkert, 1968), pp. 112-13; Anthony Birley, *Marcus Aurelius* (Boston: Little, Brown, 1966), p. 281; G. W. Bowersock, *Greek sophists in the Roman Empire* (Oxford: Clarendon Press, 1969), pp. 45-46.

14) Vermeule, *Roman Imperial Art,* pp. 70, 270.

폴리갑의 순교

A.D. 2세기 초에 서머나는 원기 왕성한 크리스챤 공동체의 집이었다. 안디옥(Antioch)의 감독이었던 익나티우스(Ignatius)는 순교자가 되려고 로마를 여행할 당시인 A.D. 117년경에 서머나와 서머나의 감독 폴리갑(Polycarp)에게 편지를 썼다.[15]

늙은 폴리갑 자신은 순교자가 되려고 했다. 그의 죽음에 관해 얘기하는 어떤 책에는 그가 초대 교회의 최초의 순교사도 중 하나라고 써 있다.[16] 역사가 유세비우스는 그의 순교를 베흐(C.A Behr)가 선호하는 날짜인 A.D. 166/167년으로 기록하고 있다.[17] 다른 학자들은 서머나 출신인 리용(Lyons)의 감독 이레네우스(Irenaeus)가, 폴리갑이 에베소에 있는 사도요한을 알고 있었다는 사실을 증명함으로 더 정확해진 날짜인 A.D. 156년을 선호한다.[18]

지방총독 콰드라투스(Quadratus)가 폴리갑에게 예수를 부인하라고 명령했을 때, 존경할 만한 감독은 기억에 남을만한 답변을 했다.

> 내가 그를 86년 동안 섬겨왔지만 그는 내게 아무런 해도 끼치지 않으셨다. 그런데 어떻게 나를 구원해 주신 나의 왕을 부인할 수 있단 말인가?[19]

---

15) M. A. Shepherd, "Smyrna in the Ignatius Letters," *Journal of Religion* 20 (1940): 141-59.

16) W. R. Schoedel, *Polycarp, Martyrdom of Polycarp, Fragments of Papias* (Camden: Thomas Nelson & Sons, 1967), p. 47.

17) See Behr, *Aelius Aristides,* pp. 98-101, for a defense of this later date.

18) H. Chadwick, *The Early Church* (Baltimore: Penguin, 1967), p. 30; R. M. Grant, *The Apostolic Fathers* (New York: Thomas Nelson & Sons, 1964), p. 71.

19) Kirsopp Lake in the Loeb edition of *The Apostolic Fathers* (London: W. Heinemann, 1913), vol. II, p. 325, n. 2, comments: "βασιλεύς represents 'imperator' not "rex', and though it can hardly be translated 'Emperor,' the antithesis to Caesar is clearly implied."

IV.3 A.D. 2세기에 재건된 시장터, 그후 큰 지진으로 파괴
*역자주: 이 시장터에서 폴리갑이 순교했다고 순교사에서 전해지고 있다.

빌라델비아에서 온 몇몇 성도들을 포함하여 10명의 그리스도인들은, 그 도시의 광장에서 폴리갑을 좇아 순교를 당했다.[20]

서머나에 있는 교회에 보낸 사도 요한의 편지에는 다음과 같은 경고가 있다: "내가 네 환난과 궁핍을 아노니 실상은 네가 부요한 자니라. 자칭 유대인이라 하는 자들의 훼방도 아노니 실상은 유대인이 아니요 사단의 회라"(계 2:9). 이 폴리갑 순교에서 가장 괄목할 만한 것은 유대인들의 활발한 활동이었다. 그들은 안식일임에도 불구하고 장작을 모아 불을 지피는 일을 도왔다.[21]

---

20) See Cadoux, *Ancient Smyrna*, p. 358, for a photo of the stadium area.
21) Ibid., p. 358.

헤머(C.J. Hemer)는 "이 도시의 여러 비명들은 교회당이 있었다는 사실을 증명해준다"고 썼다.²²⁾ 많이 논의된 바 있는 하드리안 시대(123/124)의 비명들에서는 한때 유대인이었던 사람들(οἱ ποτὲ Ἰουδαίοι)이 공공의 목적을 위해 기증한 일만 드라크마의 기부금에 대한 놀랄만한 자료를 보여준다. 이에 대해 세 개의 가능성 있는 설명이 있는데: (1) 이들은 유대인들을 배반했다라는 관점(뵈크[Böckh], 라이트풋[Lightfoot], 슐러[Schürer] 등); (2) 이들은 그들의 이전 신앙으로 전환한 이방인 개종자라는 관점(슐츠[Schultze]), 카독스[Cadoux] 등)²³⁾; (3) A.D. 70년 이후 유대 공동체는 더 이상 합법적으로 구성된 실체로서 인정할 수 없다고 말하는 관점(몸센[Mommsen], 피아나[La Piana], 람세이[Ramsay], 헤머[Hemer])이 있다.²⁴⁾

폴리갑이 순교한 1세기 후, 데시우스 황제(250)의 대대적인 박해는 서머나의 감독인 유크테몬(Euktemon)이 배교하는 결과를 초래했다. 그러나 장로인 피오니오스(Pionios)는 "서머나의 아름다움을 찬미했던 사람들과 호머(Homer)를 경배했던 자들…그리고 현존했던 그들 유대인들"에게 마지막 유언을 남기고는 용감하게 죽음을 맞이했다.²⁵⁾ 그의 십자가 죽음에 대한 묘사는 에타 피오니(Acta Pionii)에서 우리를 위해 전해 내려오고 있다.

---

22) Ibid., p. 359.
23) Cadoux, *Ancient Smyrna,* p. 348.
24) Ramsay, *Letters to the Seven Churches,* p. 272; Hemer, "Unto the Angels," p. 62.
25) Cadoux, *Ancient Smyrna,* p. 382.

5
사 데
(SARDIS)

위 치

사데는 고대 리디아 왕국의 수도로서 서머나에서 동쪽으로 72km 떨어진, 헬무스(Hermus)강 골짜기에 위치하고 있다(그림 1과 2 참조). 이즈밀(Izmir)과 아피온(Afyon) 사이의 현대 고속도로는 아직도 옛이름을 유지하고 있는 사르(Sart)마을을 관통하고 있다.

신약성경의 언급

사데는 요한계시록에 나오는 교회 중의 하나이다(계 1:11, 3:1,4). 헤머(C.J. Hemer)는 요한계시록의 언급들이 이 도시의 역사를 뚜렷이 말해주고 있음을 믿고 있다.[1]

---

1) C. J. Hemer "The Sardis Letter and the Croesus Tradition," *New Testament Studies* 19 (1972-73): 94-97.

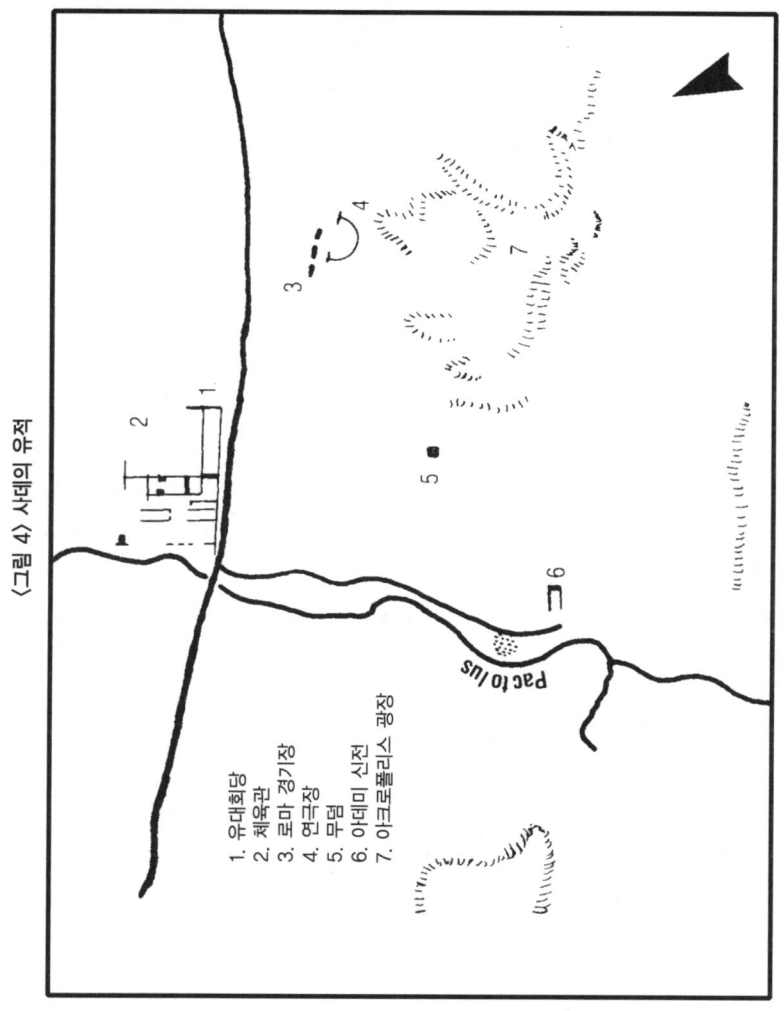

〈그림 4〉 사데의 유적

역사적 배경

B.C. 700년경에 밀어닥친 시메리안인들(Cimmerians)에 의해 프리지아(Phrygia: 옛날 소아시아에 있었던 나라: 역자주)의 수도 고디움(Gordium)이 멸망당한 후, 사데에 수도를 두고 있던 리디아(Lydia) 왕국이 소아시아에서 지배적인 세력을 가지게 되었다. 메름나드(Mermnad) 왕조의 첫번째 왕이었던 지게스(Gyges, B.C. 687~652)[2]는 화폐제도를 만들어 신용을 얻었다.[3] 최근에 발굴가들은 초기 리디아 왕국의 동전 중 은동전만을 발견할 수 있었을 뿐이었다.[4]

사데 바로 북쪽과 지게안 호수의 바로 남쪽에는 빈 테페(Bin Tepe)*("1000개의 언덕들")라 불리는 리디아 왕국의 묘지가 있는데 그곳에는 100여 개의 분봉들이 있다. 한프만(G.M.A. Hanfmann)은 1963년에서 1966년까지 지게스(Gyges)의 묘지 내부를 탐색하였지만, 파묻혀버린 방을 찾을 수는 없었다.[5]

---

2) These are the traditional dates according to the Armenian version of Eusebius. A. J. Spalinger, "The Date of Gyges and Its Historical Implications," *Journal of the American Oriental Society* 98 (1978): 400-449, argues for a later date for Gyges's death (644 B.C.).

3) See. E. M. Yamauchi, *Greece and Babylon* (Grand Rapids: Baker, 1967), pp. 59-60.

4) G. M. A. Hanfmann, *Letters from Sardis* (Cambridge: Harvard University Press, 1972), pp. 125-26; C. H. Greenewalt, "The Eighteenth Campaign at Sardis (1975), " *Bulletin of the American Schools of Oriental Research* 228 (1977): 54-56.

5) G. M. A. Hanfmann, "The Tomb of Gyges,." *Illustrated London News,* 20 March 1965, pp. 26-27; idem and J. Waldbaum, *A Survey of Sardis and the Major Monuments Outside the City Walls* (cambridge: Harvard University Press, 1976), p. 4.

*역자주: Bin Tepe는 터어키어로, "Bin"은 1,000이란 숫자이고, "Tepe"는 언덕이란 뜻이다. 두 명사가 복합되어 1,000개의 언덕이라고 부른다.

리디아 왕국의 가장 유명했던 왕 크로에수스(Croesus, 560~546 B.C.)는 팍톨루스(Pactolus) 시냇가의 모래에서 걸러낸 눈부시게 빛나는 그의 금 때문에 주목을 받았었다.⁶⁾ 1968년에 발굴가들은 거의 300개에 달하는 금을 주조하는 도가니들을 발견해냈는데 이것들은 옛 전통을 유추하는 중요한 자산(資産)이다.⁷⁾ 발굴된 아주 적은 금품 중에는 작은 금숫양 ⁸⁾과 로마시대의 직물에서 뽑아낸 금실이 있다.⁹⁾

고레스(Cyrus)는 B.C. 546년에 사데를 정복했는데, 헤로도투스에 의하면 그는 크로에수스(Croesus)의 목숨을 살려주었다 한다. 어떤 학자들은 이런 일이 전통이 되어왔을지도 모른다고 생각하지만 ¹⁰⁾ 갈대아인(Chaldean)의 기록에 의하면 고레스(Cyrus)가 리디아의 왕을 죽였다고 한다.¹¹⁾

사데는 알렉산더가 이오니아 희랍인들(Ionian Greeks)을 해방하기까지 소아시아의 페르시아인 총독지의 수도로 남아있었다. 페르시아 시대의 가장 놀랄만한 기념상은 아데미 신전의 북쪽 경사진 언덕에서 발굴된 피라밋 무덤으로, 놀랄만한 것은 저 유명한 파살가데(Pasargadea)의 고레스(Cyurs) 무덤과 흡사하다는 점이다.¹²⁾

입수스(Ipsus)전쟁 후 사데는 B.C. 270년부터 190년까지 셀루키드 치하에 있었다. 로마인들이 안티오쿠스 3세를 폐위시킨 B.C. 188년, 그들은 사데를 버가모의 왕 유메네스(Eumenes) II세에게 주었다. B.C. 133년에 사데는 다른 버가모의 영토와 함께 로마의 생활

---

6) John G. Pedley, *Sardis in the Age of Croesus* (Norman: University of Oklahoma Press, 1969). For a photo of the Pactolus, see Hanfmann, *Letters,* p. 50.

7) Hanfmann, *Letters,* pp. 228-29; W. J. Young, "The Fabulous Gold of the Pactolus Valley," *Bulletin of the Museum of Fine Arts Boston* 70 (1972): 4-13.

8) Hanfmann, *Letters,* p. 227.

9) G. M. A. Hanfmann, "Sardis, 1975," *AS* 26 (1976): 61.

10) Max Mallowan, "Cyrus the Great," *Iran* 10 (1972):1-17.

11) D. J. Wiseman, *The Chaldaean Chronicles* (London: British Museum, 1956).

12) Hanfmann, *Letters,* pp. 259-60.

권내에 들게 되었다.

사데는 로마황제들을 명예롭게 하는 다른 아시아의 도시들과 연합하였다. 아우구스투스의 이름은 21개의 비명들에 적혀져 있다.[13] 그의 손자 가이우스(Gaius)가 B.C. 5년에 성년식 토가(로마대의 겉옷, 예복-역자주)를 입게 되었을 때, 그 도시는 성년식을 축하하기 위하여 사절단을 파송했다. 우리는 사데 의회와 국민들이 제정한 법령을 갖고 있다. 그들은 다음과 같이 결의했다.

> 그 도시의 인사말을 전달하기 위해 가장 뛰어난 사람들 중에서 뽑은 사절단을 보낼 것과, 왕의 도장으로 봉인한 이 법령의 복사판을 가이우스의 손에 전해 줄 것, 그리고 아시아와 그 도시에 관계된 일반 관심사들을 아우구스투스 대제에게 건의할 것.[14]

우리는 또한 이 법령에 대해 사데에게 감사를 표하는 황제의 편지도 갖고 있다. 쉘크(R.K. Sherk)는 언급하길, "그 편지를 통해서 제국의 요구 사항들로 무척 바쁜 한 통치자를 볼 수 있는데, 그는 충성스런 표현으로 답변하기 위해 구술 또는 글을 써서 관심과 예의를 보였다."[15]고 하였다.

티베리우스(Tiberius) 황제 통치하인 A.D. 17년경에 아주 큰 지진으로 인해 아시아의 12도시들이 크게 파손되었다. 타키투스(Tacitus)(*Annals* II.47을 참조)는 보고하기를:

> 같은 해에 12개의 중요한 아시아의 도시들이 밤사이 지진으로 인하여 붕괴되어서, 기대치 못한 많은 파손을 가져왔다. …이 재난은 사데 시민들에게 아주 많은 피해를 주었고, 그들에게 커다란 슬픔을

---

13) C. C. Vermeule, *Roman Imperial Art in Greece and Asia Minor* (Cambridge: Harvard University Press, 1968), p. 461.

14) Fergus Millar, *The Emperor in the Roman World* (London: Duckworth, 1977), p. 217; Donald Earl, *The Age of Augustus* (New York: Crown, 1968), pp. 178-80.

15) R. K. Sherk, *Roman Documents from the Greek East* (Baltimore: Johns Hopkins University Press, 1969), p. 68.

갖게 했으며; 때문에 티베리우스 황제는 그들에게 천만 세스테르세스(고대 로마의 화폐; 1/4 데나리온)를 줄 것을 약속했고, 또한 5년 동안은 그들이 사용했던 공공 국고나 개인적인 재정들을 모두 면제해주기로 약속했다.16)

다른 보고서에 따르면 웅대한 산들이 가라앉고, 평지들은 높이 솟아올랐으며, 불길로 산산히 파멸되어 버렸다고 한다. 이 도시들에 대하여 입증하고 있는 자료들로는 A.D. 22년에 로마에서 발행된, 시비타티부스 아시에 레스티투티스(*Civitatibus Asiae Restitutis*)라 새겨진 동전 하나가 있다. A.D. 30년에 동상 하나가 아시아의 도시명들을 새겨넣은 채 푸테올리(Puteoli)에 있는 티베리우스(Tiberius) 황제를 위하여 세워졌다.17)

클라우디우스(Claudius)가 선물한 완공된 수로를 통해 물을 공급받은 개인이나 단체들의 이름이 비명에 두 나라 말로 기록되어 있다.18) 비록 여러 황제들의 통치를 통해 다른 많은 비명들이 있기도 하지만, 발굴된 동상들이나 동상조각들은 후대 황제들 안토니우스 피우스(Antoninus Pius), 루시우스 베루스(Lucius Verus), 카라칼라(Caracalla), 그리고 세베루스 알렉산더(Severus Alexander)19) 의 것들이다.

---

16) This and other classical passages are conveniently collected in *Ancient Literary Sources on Sardis*, ed. John G. Pedley (Cambridge: Harvard University Press, 1972), p. 64; G. M. A. Hanfmann, *From Croesus to Constantine* (Ann Arbor: University of Michigan Press, 1975). pp. 42-43; and David Magie, *Roman Rule in Asia Minor* (Princeton: Princeton University Press, 1950), vol. I, p. 500. Next to Sardis the greatest damage was inflicted upon Magnesia. The names of the other ten cities are not the same in the classical sources. See N. N. Ambraseys, "Value of Historical Records of Earthquakes," *Nature* 232 (Aug. 6, 1977): 377-78.

17) Magie, *Roman Rule*, vol. II, p. 1358.

18) Vermeule, *Roman Imperial Art,* p. 461; V. M. Scramuzza, *The Emperor Claudius* (Cambridge: Harvard University Press, 1940), p. 160.

19) Vermeule, *Roman Imperial Art*, p. 461.

발굴

1910년부터 1944년까지 하워드 크로스비 버틀러(Howard Crosby Butler)는 프린스톤(Princeton) 대학에다 아데미(Artemis) 신전(그림 4, #6)의 구역을 분명히 밝혔다. 버틀러는 또한 1,100개가 넘는 리디안들의 무덤을 발굴했지만 그들 중의 단지 70개에서만 물건들을 발견할 수 있었다. 발굴은 한프만(G.M.A Hanfmann)의 감독 아래 하버드 대학과 코넬(Cornell)대학의 동양학 연구팀에 의해 1958년에 재착수 되어서 현재까지 계속 진행 중에 있다.[20]

그 발굴로부터 우연찮게, 거의 300개에 달하는 조각품들이 사데에서 재발견되었다.[21] 발굴작업이 20년 넘게 진행되었어도, 제단, 경기장 그리고 체육관 동쪽에 있는 공공 건물들을 포함한 많은 건축물들이 더 발굴되어야 한다. 한프만(Hanfmann)은 발견되지 않은 크로에수스(Croesus)의 궁정이 극장 서쪽 200미터 지점의 비잔틴 성이 서있는 언덕 아래에 묻혀 있을 것이라고 추정하고 있다.[22]

---

20) Annual reports have appeared in the *Bulletin of the American Schools of Oriental Research*. The literature is quite extensive; see Hanfmann, *Letters,* pp. 345-49; for major recent articles see "Sardis" in the *IDBS*. For an interim summary, see D. G. Mitten, "A New Look at Ancient Sardis," *BA* 29 (1966): 37-68. I have profited from a paper by David Walker prepared for my graduate seminar.

21) G. M. A. Hanfmann and N. H. Ramage, *Sculpture from Sardis* (Cambridge: Harvard University Press, 1978).

22) Hanfmann, *Letters,* p. 326.

신위(Deities, 神位)와 신전

사데의 신위(神位)수호신은 시벨리(Cybele)*와 아데미(Artemis)였다. 람세이(W.M. Ramsay)는 그리스의 아데미(Artemis)와 아나톨리아의 시벨리(Anatolian Cybele)는 단지 같은 여신의 형상이었을 뿐이라고 언급했다.[23] 새로운 도상학(圖像學)의 증거에 의하면 그 여신들은 분명히 별개의 것이다. 예배당에서 재 발굴된 벽돌을 보면, 아데미(Artemis)가 사슴을, 시벨리(Cybele)는 사자를 안고 있는 것을 볼 수 있다.[24]

사데의 거대한 신전은 아데미(Artemis)에게 헌납된 것 중의 하나였다. 크로에수스가 세운 고대 신전은 B.C. 499년의 이오니안 혁명 때 파괴되었다. 이 신전은 완성이 되진 못했지만, 이오니아식 신전은 네번째로 큰 신전으로 꼽힌다. 이 신전은 약 가로 48m, 세로 90m로 측정되고 있다. 78개의 기둥 중 2개는 약 17m 높이인데, 아직도 남아 있다. A.D. 17년에 이 신전은 지진으로 인한 산사태로 묻혀버렸다.[25](사진 V.1-1, 1-2 참조).

마르쿠스 아우렐리우스(Marcus Aurelius), 콤모두스(Commodus) 그리고 엘라가발루스(Elagabalus)의 통치 때, 발행되어진 동전들은

---

23) W. M. Ramsay, *Letters to the Seven Churches* (Grand Rapids: Baker, 1979 reprint), pp. 363-64; idem, *The Social Basis of Roman Power in Asia Minor* (Amsterdam: A. M. Hakkert, 1967), p. 113.

24) G. M. A. Hanfmann and J. C. Waldbaum, "Kybele and Artemis," *Arch* 22 (1969): 264-69; Hanfmann, *Letters,* p. 239. Cf. A. Henrichs,"Despoina Kybele: Ein Beitrag zur religiösen Namenkunde," *Harvard Studies in Classical Philology* 80 (1976): 253-86; M. Vermaseren, *Cybele and Attis* (London: Thames & Hudson, 1977).

25) Hanfmann, *Letters,* p. 7; E. Akurgal, *Ancient Civilizations and Ruins of Turkey,* 2nd ed. (Istanbul: Mobil Oil Türk A. S., 1970), p. 124.

*역자주: 시벨리는 프리지아(Phrygia) 신화에 나오는 신들의 어머니로 불린다.

5. 사데(SARDIS) · 83

V.1-1 사데 신전의 유적

V.1-2 사데 신전의 유적

아데미(Artemis)의 성단 모습과 신전을 묘사하고 있다.[26] 다른 동전들에는 아직은 확연히 증명되지 아니한 신전(지성소)들이 묘사되어 있다: (1) 하드리안(Hadrian)의 동전에 묘사된 아프로디테 파피아(Aphrodite Paphia)의 신전[27]; (2) 셉티미우스 세베루스(Septimius Severus)의 동전에 묘사된 두 개의 네오코레이트(neocorate) 신전들[28]; (3) 엘라가발루스(Elagabalus)의 동전에 묘사된 제우스 리디오스(Zeus Lydios)의 위대한 신전(제단)[29]; (4) 필립(Philip)의 동전에 묘사된 헤라클라스(Heracles)와 제우스 리디오스(Zeus Lydios)의 동상들과 함께 있는 위대한 신전.[30]

유대인들과 유대회당

신약성경에 나와있는 사데에 관한 세 차례의 언급들은 유대인들의 도시에 대해 말하고 있진 않지만, 그들의 실존을 증명해주는 성경 외의 풍부한 증거들이 있다. 유대인의 공동체는 아마도 안티오쿠스 III세에 의해 메소포타미아(Mesopotamia)에서 리디아(Lydia)왕국으로 옮겨가야 했던 유대인 선조들의 이동 때로부터 조직화되었던 것 같다.

요세푸스(Josephus)는 쥴리우스 시이저(Julius Caesar)시대에 있었던 두 중요한 문서들에 대해 언급하면서, 이 문서들이 그 도시에서의 유대인들의 특권들을 확증해주고 있다고 한다. 그들 중 하나인

---

26) M. J. Price and B. L. Trell, *Coins and Their Cities*(Detroit: Wayne State University Press, 1977), p. 136.
27) Ibid., p. 28.
28) Ibid., p. 49.
29) Ibid., pp. 49, 138.
30) Ibid., p. 138.

V.1 대리석으로 된 종합 체육관

지방총독 가이우스 노르바누스 플라쿠스(Gaius Norbanus Flaccus)가 사데 의회에 전한 말은 다음과 같다: "시이저(Caesar)는 내게, 유대인들이 돈을 모으며 그들의 대부분이 조상대대의 관습에 따라서 그것들을 예루살렘에 올려보낼 것이지만 금하지 말라는 명령을 써보내왔다"(Antiquities, XVI. 171).

유대인들의 특권을 확실히 알 수 있는 또 다른 문서는 사데 의회가 통과시킨 법이다. 이 문서는 아시아에 있는 유대인 공동체에 관한 가장 자세한 정보를 우리에게 제시한다.

그러나 우리 도시에 사는 유대 시민들은 국민들로부터 계속해서 큰 특권들을 많이 부여받아 왔으며, 이제는 의회와 사람들 앞에 나아와서 로마 원로원과 국민에 의해서 그들에게 다시 회복되어진 법률과 자유를 가지고 청원을 해왔는데, 그것은 허락된 그들의 관습에 의거해서였고, 그들은 아마도 함께 모여서 공동사회 생활을 만들고 그들 사이에서 생겨난 청원들을 스스로 판결하며, 그들의 아내들과 아이들과 함께 모일 수 있고, 하나님께 그들 조상 전래의 기도들과 희생제물을 제공할 수 있는 장소를 탄원해 온 것이다. 그래서 그들의 법률에 따라서 그들이 함께 모여 그것들을 할 수 있게끔 지정된 날짜들을 부여해 주는 일과, 또한 그들이 건물을 짓고 주거할 수 있도록 행정장관이 따로 장소를 분배해 주는 일, 그리고 시공무원들은 유대인들이 먹기에 적당한 음식들을 공급해줄 의무가 있음을 규정해주는 일 등이 의회와 국민들에 의해 법률화 되었다.[31](Antiq. XIV. 259ff).

사데에서 발굴된 몇 개의 사본들은 이들 유대인들이 금세공이나 상점주인 등으로 활약해왔음을 증명해준다. 9명의 유대인들은 도시 의회원(bouleutēs)에 이름이 끼어 있기도 했다.[32]

1962년에 발굴가들이 고가도로 북쪽에 위치한, 목욕탕과 체육관 (사진 V.1과 2)을 합한 거대하고 복잡한 대리석 홀(Marble Hall)을 정리하고 있을 때, 아주 커다란 건물이 발굴되었는데, 이것은 이제껏 발견된 회당 중에서도 가장 거대한 유대회당으로 밝혀졌다(그림 4, #1, 사진 V.3 참고).

정리작업이 끝난 1963년 후, 발굴자들은 그 건물과 건물의 아름다운 판넬식 장식을 복원하려고 많은 세월을 보냈다.[33]

규모와 가치측정에 관한 자세한 조사는 그 건물이 4개의 방을 통과하고 있음을 밝히고 있다[34](그림 5 참조).

---

31) See A. Kraabel, "Judaism in Asia Minor" (Th. D. dissertation, Harvard University, 1968). I have not been able to obtain L. Roth-Gerson, "The Civil and the Religious Status of the Jews in Asia Minor" (Ph. D. dissertation, Hebrew University, 1972).

32) Hanfmann, *Letters,* p. 100; S. Safrai and M. Stern, eds., *The Jewish People in the First Century* (Philadelphia: Fortress Press, 1974), p. 479. Louis Robert, *Nouvelles inscriptions de Sardes I* (Paris: A. Maisonneuve, 1964), pp. 54-55.

33) Hanfmann, *Letters,* p. 216.

34) A. R. Seager, "The Building History of the Sardis Synagogue," *AJA* 76 (1972): 425-35.

5. 사데(SARDIS) · 87

V.2 대리석으로 된 체육관 내부

88 · 잊혀진 땅 소아시아

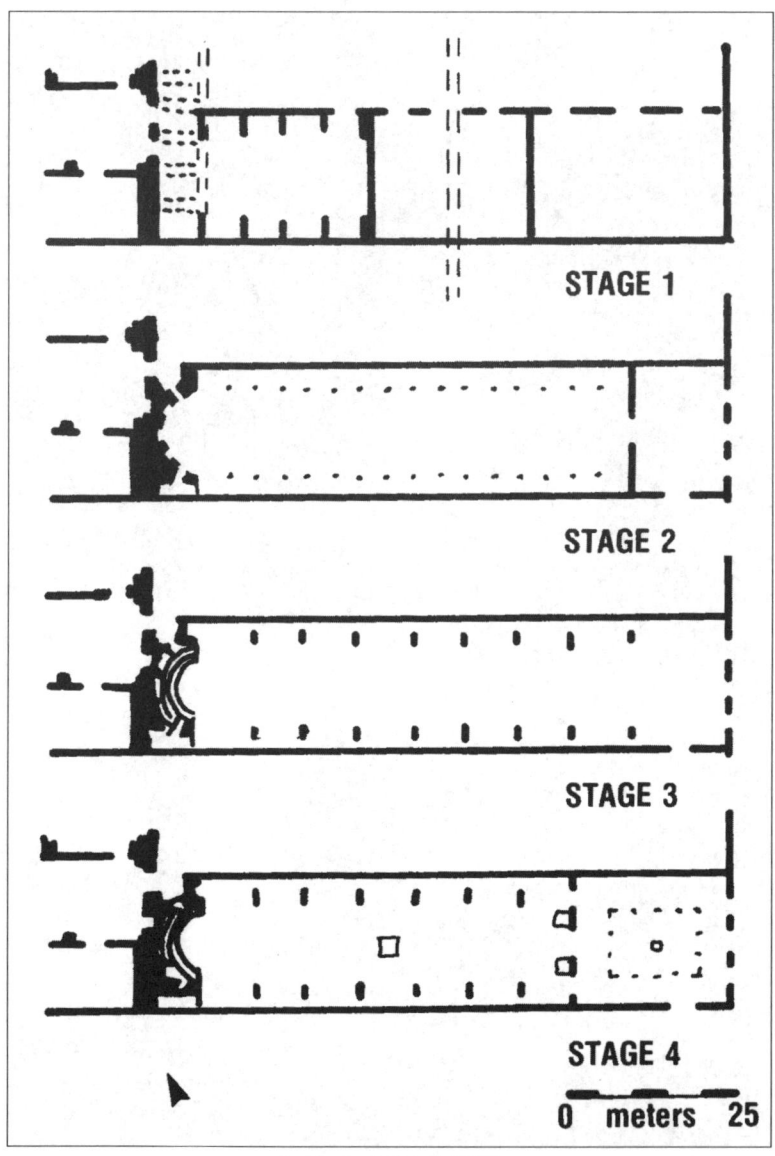

〈그림 5〉 사데의 유대회당

[방 1]: 이 건물은 원래 3개의 방을 갖추고 있었는데 그것은 의상실들로 또는 연무장(演武場)-체육관의 복합체인 강의실로 사용되었으며, A.D. 17년의 지진이 일어난 후의 어떤 날에 세워졌다.

[방 2]: 2세기 때 이 건물은 시청의 공회당으로 변형이 되었다. 마르쿠스 아우렐리우스(Marcus Aurelius), 베루스(Verus, c.166) 같은 황제의 동료들을 칭송하는 한 유대 사람의 비명에서 나온 파편 조각들은 이 건물이 유대인들에게 팔려고 했던 것이거나 아니면 선물하려 했던 것임을 나타내 준다. 데트와일러(A.H Detweiler)는 이 건물이 지진이 일어난 뒤의 도시 재복구사업시에, 유대인들이 이 일에 원조해 준 것에 감사를 표하기 위해서 주어진 것으로 추측했다.[35]

[방 3]: 세번째 중앙방(170~250?)은 이 건물이 최초로 유대회당으로 사용되었음을 나타내고 있다.

[방 4]: 동쪽의 분단된 건물(350~400)은 단상이 있는 법정으로 수리를 했다(사진 V.4 참조).[36] 이 방들의 주요 홀은 가로 60, 세로 18미터를 확보하고 있으며, 40미터가 추가되어 법정과 베란다가 위치하고 있다.[37]

그리스어로 쓰여진 80개가 넘는 유대인들의 비명들이 발굴되었다.; 3개의 히브리어 문장들은 그 속에 샬롬(Shalom)이란 단어를 담고 있었다.[38] 입증된 비명들이 있는 사데의 유대인 공동체의 탁월함과 강력함은, 사데의 감독(2세기)인 멜리토(Melito)가 설교를 했던

---

35) The Jews certainly had a synagogue at Sardis as early as the 1st century B. C., as indicated by Josephus, and as confirmed by an inscription listing the fountains of the city. See Safrai, *Jewish People*, p. 479.

36) Hanfmann, *Letters*, p. 323, plate V.

37) On the mosaics of the forecourt, see Andrew Ramage, "The Fourteenth Campaign at Sardis (1971)," *Bulletin of the American Schools of Oriental Research* 206 (1972): 37-39.

38) Hanfmann, *Letters*, p. 119.

V.3 거대한 유대인의 회당

V.4 회당의 앞마당

V.5 비잔틴 시대에 세워진 사데교회의 모습

반 유대교적 논조의 그 유명한 부활주일 설교인 페리 파스카(Peri Pascha)의 맹렬함을 설명해 준다.[39] 이 설교의 본문은 보드메르 파피리(Bodmer Papyri) 중에서 1937년에 발굴이 되었다.[40]

멜리토(Melito)는 부활절 주일에 관한 쿠아토데시맨 논쟁과 관련

---

39) A. G. Kraabel, "Melito the Bishop and the Synagogue at Sardis: Text and Context," in *Studies Presented to George M. A. Hanfmann,* ed. D. G. Mitten, J. G. Pedley, and J. A. Scott (Mainz: P. von Zabern, 1972), pp. 77-85. An inscription from the 1st century has been interpreted as a Christian text as it proclaims, "He is living." See E. M. Blaiklock, *The Cities of the New Testament* (London: Pickering & Inglis, 1965), p. 118.

40) F. V. Filson, "More Bodmer Papyri," *BA* 25 (1962): 50-57. For a new translation of Melito's sermon, see G. F. Hawthorne, "A New English Translation of Melito's Paschal Homily," in *Current Issues in Biblical and Patristic Interpretation,* ed. G. F. Hawthorne (Grand Rapids: Wm. B. Eerdmans, 1975), pp. 147-75; idem, "The Man Was Christ," *Christianity Today* 22 (March 24, 1978): 23-26.

되어 있다. 아시아의 교회들은 유대인의 관습에 따라서 니산월(Nisan) 14일을 유월절로 잡고 그후 3일 뒤에는 부활절을 기념하였다(어느 주에 그 날이 오든지는 상관치 않음). 반면에 기독교 교회들은 유월절이 지난 다음 일요일을 부활주일로 기념했다. 멜리토(Melito)는 또한 성지(Holy Land)로 간 초기의 순례자 중 한 사람으로 여겨진다.

6
빌라델비아
(PHILADELPHIA)

빌라델비아 도시는 서머나 안쪽으로 통하는 길목에 있고 사데 동쪽에 자리잡고 있었다. 이것은 또한 사데 북쪽의 두아디라로 향하는 직로와 연결되어 있었는데, 이 길은 람세이(Ramsay)가 잘못 의심했던 길이다.[1] 옛 극장과 경기장의 장소들은 현재 지명으로는 알라쉐히르(Alashihir)로 부르고 있다.[2]

신약성경 속에서는 이 도시가 요한계시록에 나오는 7교회들 중의 하나로서 언급이 된다(계 1:11, 3:7).

아탈루스 필라델푸스(Attalus Philadelphus)가 아니면 후계자인 그의 동생 유메네스(Eumenes)에 의해서 B.C. 2세기 때 지어진 빌라델비아는 역사적인 기록들에 그리 독특한 모습을 하고 있진 않다. 트렌치(R.C. Trench)는 " 소아시아에 있는 어떠한 도시도 이 도시

---

1) G. M. A. Hanfmann and J. Waldbaum, *A Survey of Sardis and the Major Monuments Outside the City Walls* (Cambridge: Harvard University Press, 1976), p. 170, n. 10.

2) Robert H. Mounce, *The Book of Revelation* (Grand Rapids: Wm. B. Eerdmans, 1977), p. 120; Otto F. A. Meinardus, *St. John of Patmos and the Seven Churches of the Apocalypse* (Athens: Lycabettus, 1974), p. 121.

Ⅵ.1 빌라델비아 교회 유적

만큼 격렬하고 잦은 지진으로 인해 어려움을 당한 도시는 없다"[3]라고 했다. 헤머(C.J. Hemer)는 1969년 지진으로 인해서 파괴된 수없이 많은 집들과 건물들이 있던 터를 방문했었다.[4]

폼페이(Pompey)와 하드리안(Hadrian)의 동상과 카라칼라(Caracalla)[5]의 돌기둥을 제외하고도, 아데미 아나이티스(Artemis Anaitis; 페르시아의 아나히타[The Persian Anahita]), 아데미 에페시아(Artemis Ephesia), 헬리오스(Helios), 디오니수스(Dionysus), 제우스(Zeus), 그리고 아프로디테(Aphrodite)같은 수많은 신전들이 발굴되어 고고학적 증거가 되었다.[6]

---

3) R. C. Trench, *Commentary on the Epistles to the Seven Churches in Asia* (Minneapolis: Klock and Klock, 1978 reprint of the 1897 edition), p. 181.

4) C. J. Hemer, "Unto the Angels of the Churches," *BH* 11 (1975): 172.

5) C. C. Vermeule, *Roman Imperial Art in Greece and Asia Minor* (Cambridge: Harvard University Press, 1968), p. 461.

6) M. J. Price and B. L. Trell, *Coins and Their Cities* (Detroit: Wayne State

익나티우스(Ignatius)는 서머나로 가는 도중에 빌라델비아를 경유했는데, 여기에서 그는 그 곳 교회로 한편의 편지를 써보냈다. 빌라델비아 교인들은 폴리갑 감독과 함께 순교를 했다. 빌라델비아는 몬타누스(Montanus)의 예언이 처음으로 행해졌던 곳 중의 하나로, 이 예언은 빌라델리아로부터 단지 15마일 위쪽에 있던 헬무스(Hermus)계곡의 아르다바브(Ardabav)에서 있었다. 또한 이 곳은 몬타니즘(Montanism)의 카리스마적인 운동이 생겨나게 된 원천 중의 하나였음이 틀림없다.[7] 이 운동은 이단적이라고 하기보다는 교파적인 성격을 띠었고,[8] 북 아프리카의 변호자 터툴리안(Tertullian)의 지지를 받았다.[9]

Ⅵ.2 빌라델비아 교회 앞면

University Press, 1977), p. 267.

7) W. M. Calder, "Philadelphia and Montanism," *Bulletin of the John Rylands Library* 7 (1923): 309-54.

8) D. F. Wright, "Why Were the Montanists Condemned?" *Themelios* 2 (1976): 15-21.

9) T. D. Barnes, *Tertullian* (Oxford: Oxford University Press, 1971).

7
에베소
(EPHESUS)

위 치

에베소는 이오니아(Ionia), 리디아(Lydia) 그리고 카리아(Caria) 세계의 교차로인 서머나와 밀레도(Miletus) 사이의 연안에 있는 카이스터(Cayster)강 어구에 위치했었다(그림 2 참조). 신약시대 당시 에베소는 인구 약 250,000명을 가진 세계에서 네번째로 거대한 도시였다(로마, 알렉산드리아, 안디옥 다음으로).

플리니 장로에 의하면 이 바다물이 도시의 가장자리까지 밀어닥치곤 했다고 했다. 로마 항구는 아카디어(Arcadian) 도로의 끝까지 다달아 있었다(그림 6, #8 참조). 지금은 강을 따라서 내려온 모래로 인해, 해변까지는 6마일의 거리가 된다. 오늘날 폐허가 된 자리와 해안 사이의 땅에서 면화가 재배되고 있다.

지중해의 부족한 조수로 인해 바위의 부식물들이 씻겨 내려가지를 않아, 퇴적물 문제는 에베소와 다른 항구의 어귀에서조차 문제거리가 되었다. B.C. 499년초 이오니아인 혁명에 가담했던 그리스는 그들의 군대를 카이스터 입구에 상륙시킬 수 없음을 알게 되었다. 유세비우스(Eusebius)의 기록에 의하면, 에베소 의회가 A.D. 129년에

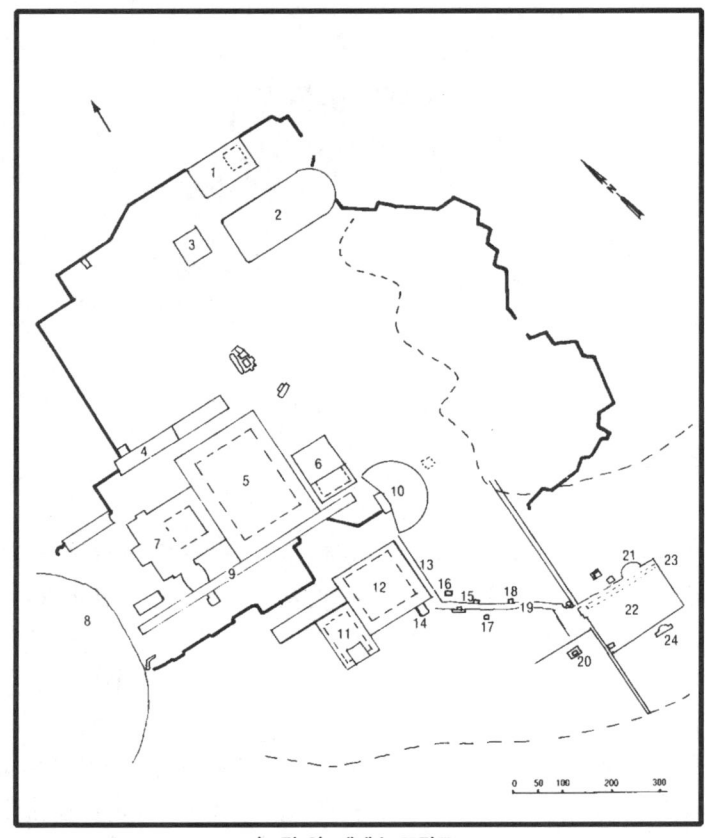

〈그림 6〉 에베소 조감도

1. 체육관
2. 운동장
3. 시장
4. 종교회의교회
5. 베룰란 홀
6. 연극장 체육관
7. 항구 체육관
8. 로마 항구
9. 아카디어 도로
10. 연극장
11. 세라피스 신전
12. 광장
13. 대리석 거리
14. 도서관
15. 하드리안 신전
16. 화장실 목욕탕
17. 부자집
18. 트라얀 신전
19. 키레테 거리
20. 도미티안 신전
21. 극장(오데이온)
22. 시민 시장
23. 바리우스 목욕탕
24. 신전(님파이온)

VII. 1-1. 에베소 유적지 전경

카이스터 강 어귀에 배를 돌려 항해할 수 있게끔 하려고, 하드리안 왕이 항구를 만드는 작업에 참여했음을 칭송했다고 한다. 아우렐리우스(Marcus Aurelius)황제 치하의 아시아 지방총독은 황제가 그 항구를 존속시킬 것에 대해 계속적으로 편지를 보내왔음을 기록하였다.[1]

신약성경의 언급

에베소인에게 쓴 바울의 편지와 요한계시록 1:11, 그리고 2:1의 에베소에 관한 언급들은 별도로 하더라도, 가장 중요한 인용구는 사도행전 19장을 들 수 있는데, 이것은 바울이 에베소에서 했던 3년간의 사역을 설명해놓고 있다(행 20:31).[2]

누가의 기록이 정확하다는 것은 수많은 작업들을 통해서 람세이(W.H. Ramsay)가 진술해 왔었고, 탁월한 고전학자 쉐르윈-화이트(A.N Sherwin-White)에 의해 재증명이 되고 있다.[3]

에베소의 군중상황에 필적할 만한 것을 1세기 후반(b.40-d. after 112)에 소아시아에 살았던 디오 크리소스톰(Dio Chrysostom)이라는 웅변가의 연설을 통해 엿볼 수 있다. 크리소스톰은 그의 유비어 강연(Euboean Discourse, VII. 25-26)에서 군중이 '사냥군의 이야기'를 듣기 위해서 극장에 몰려왔던 일을 묘사해 놓았다.

---

1) Fergus Millar, *The Emperor in the Roman World* (London: Duck-worth, 1977), p. 9, n. 60.

2) For earlier studies, see W. M. Ramsay, "St. Paul at Ephesus," *The Expositor,* 4th series, 2 (1890): 1-22; G. S. Duncan, *St. Paul's Ephesian Ministry* (London: Hodder & Stoughton, 1929); F. V. Filson, "Ephesus and the New Testament," *BA* 8 (1945): 73-80.

3) A. N. Sherwin-White, *Roman Society and Roman Law in the New Testament* (Oxford: Clarendon Press, 1963), pp. 86-89.

그들의 이같은 분노는 엄청난 것이었다. 그들은 갑자기 자신들의 소리를 높여 상대편 사람들을 깜짝 놀라게 했고, 그래서 그들 중 몇 명은 자비를 요청하며 달려나갔고, 한편 다른 사람들은 무서워서 자신들의 외투를 집어던졌다. 나 자신 또한 마치 바다 해일이나 뇌우가 갑작스럽게 나를 덮쳐버린듯이 순간적으로 고함을 질러서 거의 기절할 뻔했다(참고, 행 19:32 중반절).[4]

바울을 반대하는 폭동이 에베소와 로마의 관계에 해를 가져올지도 모른다는(행 19:40) 행정장관의 걱정은, 크리소스톰의 고향인 프루사(Prusa)에서 곡물가격 때문에 폭동을 일으켰던 성난 군중들에 대한 크리소스톰의 언급과 필적할 만하다(XLVI. 14).

이 도시들 내에서 일어나는 모든 일을 지도자들이 알고 있는데, 이것은 지도자들이 이 곳에 사는 사람들보다 더 뛰어나다는 얘기다; 마치 버릇이 없는 어린 꼬마들의 부모들이 아이들의 선생님들께 그들을 일러바치면, 이런 내용을 모아서 그 아이들의 품행이 나쁘다는 것이 선생님들에게 전달되는 것과 비슷한 것이다.[5]

에베소에선 2세기 때 빵 만드는 사람들의 소요로 더욱 심한 폭동이 일어났다. 데이비드 매기(David Magie)는 자세히 얘기한다:

더한층 심각한 상황이 에베소에서 일어났다. 빵 만드는 사람들의 동맹파업은 심한 혼란과 소요를 야기시켰다. 더 심한 폭동을 진압하기 위해서, 공무원, 아마도 지방총독은 비공식적인 회합을 만들거나 한층더 심각한 소동을 야기시키려는 조직들을 규제하고 또한 "대중 복지를 실현키 위한 규칙들에 복종"할 것을 빵 만드는 사람들에게 명령하는 포고령을 내렸다.[6]

---

4) C. P. Jones, *The Roman World of Dio Chrysostom* (Cambridge: Harvard University Press, 1978), pp. 21, 58.

5) Cited by Jones, *Roman World,* p. 24. For other parallels, see G. Mussies, ed., *Dio Chrysostom and the New Testament* (Leiden: E. J. Brill, 1972).

6) David Magie, *Roman Rule in Asia Minor* (Princeton: Princeton University Press, 1950), vol. I, p. 635.

역사적 배경

고대 에베소는 세 주요한 시대를 거쳤다: (1) 리디아왕 크로에수스(Croesus) 치하에서 기초를 다지고 정복까지 이루었던 고대시대(B.C. 900-560); (2) 알렉산더의 계승자 중 한 사람인 리시마쿠스(Lysimachus)에 의한 점령까지의 시기인 그리스-리디아(Greco-Lydia) 시대(B.C. 560-290); (3) 그리스-로마(Greco-Roman) 시대(B.C. 290-).

비록 고대시대의 에베소는 밀레도(Miletus)처럼 명성이 있지는 않았지만, 철학자 헤라클리투스(Heraclitus)와 시인 하이포낙스(Hipponax)같은 위대한 지도자들의 활약으로 이오니안 르네상스(Ionian Renaissaance)에서 중요한 역할을 감당했었다.[8] 크로에수스(Croesus)가 이 도시를 정복한 후(Herdodtus I.26) 그는 아데미(Artemis)를 위해 고대신전을 지었다. 정확하진 않더라도 고대 전통에 의하면 그 신전은 스스로 명성을 얻고자 했던 헤로스트라토스(Herostratos)에 의해서 알렉산더 대왕이 태어났던 바로 그 날인 B.C. 356년 7월 20일에 불살라졌다고 한다.[9] 몇 년 후인 334년 알렉산더가 그 신전을 재건할 것을 제의했을 때, 에베소 사람들은 그의 제의를 거절하고, 그들 스스로 기금 마련을 위해 여인들이 헌납한 보석을 가지고 그 신전을 재건하였다.

B.C. 281년 리시마쿠스(Lysimachus) 황제가 죽자, 에베소는 셀루키드 왕조(Seleucids)의 통치하에 들어갔다. 셀루키드가 로마인들

---

7) J. Keil, *Ephesos: Ein Führer durch die Ruinenstätte und ihre Geschichte*, 5th ed. (Vienna: Österreichisches Archäologisches Institut, 1964), p. 13.

8) John A. Cramer, *A Geographical and Historical Description of Asia Minor* (Amsterdam: A. M. Hakkert, 1971 reprint of the 1832 edition), p. 373.

9) Plutarch, *Alexander* III. 5. See J. R. Hamilton, *Plutarch: Alexander, A Commentary* (Oxford: Clarendon Press, 1969), p. 7.

에 의해 공격을 받아 마그네시아(Magnesia) 전투(B.C. 189년)에서 패배하자, 에베소는 버가모(Pergamum)에 속하게 되었다. A.D. 133년에 에베소는 로마인들의 통치 아래로 떨어졌다.

줄리어스 시이저(Julius Caesar)의 동상이 에베소에서 발견되었다.[10] 마르크 안토니(Mark Antony)와 이집트의 클레오파트라(Cleopatra)는 B.C. 33년에서 32년까지의 겨울을 에베소에서 보냈다. 1970년에 안토니의 거대한 머리상이 시정 집회소 상부에서 발견되었다.[11] 아마도 안토니와 클레오파트라는 시정 집회의 북쪽 모퉁이에 정리된 이집트식 신전을 세웠을 것이다. 오스트리아의 발굴가들은 이집트 아몬(Ammon; 고대 이집트의 태양신)신의 머리와 타악기(sistrum)의 종을 발굴하였다.

로마와 아우구스투스에게 봉헌된 성소는 아데미 신전(Artemision)의 경내 내부를 감싸고 있었다. 이것은 에베소인들의 동전들에 묘사되었다.[13] 상업시장에서 켈수스(Celsus)의 도서관까지 통하는 삼중문은 B.C. 4년이나 3년경에 아그립바(Agrippa)의 두 자유민인, 마자에우스(Mazaeus) 그리고 미스리다테스(Mithridates)가 아우구스투스, 아그립바, 리비아(Livia) 그리고 줄리아(Julia)에게 헌납한 것으로 그 장소에 있는 비문에도 나와 있다.[14] 1972년에는 아우구

---

10) C. C. Vermeule, *Roman Imperial Art in Greece and Asia Minor* (Cambridge: Harvard University Press, 1968), p. 463.

11) M. J. Mellink, "Archaeology in Asia Minor," *AJA* 75 (1971): 175.

12) E. Fossel, "Zur Tempel auf dem Staatsmarkt in Ephesos," *Hauptblatt* 50(1972-73): 212-19.

To the southwest of the commercial agora a Serapeum (figure 6, #11), 29. 2 by 37 meters (95 by 121 feet), was set in a large courtyard. It contained inscriptions which mention Serapis, Isis, and Anubis. See Keil, *Ephesos,* p. 102; R. Salditt-Trappmann, *Tempel der ägyptischen Götter in Griechenland und an der Westküste Kleinasiens* (Leiden: E. J. Brill, 1970), ch. 2.

13) Magie, *Roman Rule*, vol. I, p. 470; Vermeule, *Roman Imperial Art,* p. 218.

14) Vermeule, *Roman Imperial Art,* p. 219.

스투스의 손자 중 한명-가이우스(Gaius)나 루시우스(Lucius) 중 한 명 의 초상화 윗 부분이 바리우스(Varius) 욕실에서 발견되었다.[15]

그리스 문화에 대한 위대한 찬양자이자 무대와 운동경기에 대해 열광적이었던 네로는 에베소에다 경기장을 재건했다. 에베소에서는 그의 선행으로 인해 동전에다 네로를 새겨 기념하였다.[16] 동시에 네로는 자신이 수집하는 동상들을 모으기 위해 에베소를 샅샅이 뒤졌다.

무엇보다도 도미티안(Domitian) 황제-요한을 밧모섬으로 추방시켰던 가혹한 황제-는 에베소에서 자신의 존재를 알렸다. 가로 50미터, 세로 100미터나 되는 큰 언덕(terrace)에 있는 키레테거리(그림 6과 사진 VII. 1 참조) 위쪽 끝에는 거대한 신전과 제단이 도미티안 황제를 위해서 세워져 있다.[17] 메기(Magie)는 헌납물들을 작성해 놓은 지방총독들의 기록에 비춰서, 이 신전이 도미티안(Domitian)의 아버지인 베스파시우스(Vespasian)의 치하에서 황제의 신전으로서 세워졌을 것이라고 주장한다.[18]

도미티안(Domitian) 황제가 96년에 암살당했을 때, 에베소인들은 아마도 황제의 어마어마한 대리석상과 머리와 팔뚝상을 부셔버렸는지도 모른다. 그 동상은 실물크기의 네배나 되었고, 팔뚝은 남자의 높이만큼 위쪽으로 뻗쳐 있었다(사진 VII.2 참조). 버뮬레(C.C. Vermeule)는 언급하길, "에베소의 플라비아(Flavian) 신전에서 취한 이즈밀(Izmir) 박물관에 소장되어 있는 그 어마어마한 대리석 두상과 팔은 동양에 있는 가장 웅대한 앙상블 중의 하나이다"라고 했다.[19]

---

15) M. J. Mellink, "Archaeology in Asia Minor," *AJA* 78 (1974): 123.

16) Michael Grant, *Nero* (New York: American Heritage, 1970), p. 238.

17) Keil, *Ephesos,* pp. 124-26; H. Vetters, "Domitianterrasse und Domitiangasse," *Beiblatt* 50 (1972-75): 311-30.

18) Magie, *Roman Rule,* vol. II, pp. 1432-34.

19) Vermeule, *Roman Imperial Art,* p. 232; cf. C. J. Hemer, "Unto the Angels of the Churches," *BH* 11 (1975): 19.

Ⅶ.1 키레테 거리의 도미티안 신전

트라얀(Trajan) 황제는 그의 아버지 마르쿠스 울피우스 트라야누스(Marcus Ulpius Trajanus)가 79년에 아시아의 지방총독으로 임명되었을 때를 계기로 에베소에 대해 대단한 관심을 갖게 되었다. 그의 아버지는 아데미 신전(Artemision) 구내를 둘러싸는 벽을 다시 지었다. 트라얀 황제의 가장 두드러진 공헌은 2층의 님파이온(nymphaion)*이나, 거대한 대리석으로 장식해서 키레테 거리에다 만들어놓은 분수집이다(그림 6, #18 참고).

여행을 즐겼던 황제 하드리안은 에베소를 그의 가장 좋아하는 도시로 삼았었다. 하드리안이라 이름하는 게임들은 그를 기리기 위해서 붙여진 것이었다. 에베소가 버가모를 대신해서 아시아의 황제 수도로 된 것도 그의 통치하에서였다(A.D. 125).

이 도시의 두번째로 치는 네오크레테(Neocorate) 신전은 A.D. 129년에 하드리안에게 헌납되었다.[20] 이것은 일반적으로 1956년에

---

*역자주: 님파이온은 님프같이 아름다운 여인이 사는 곳으로 아마 아데미 여신이 사는 2층집 같다.

VII.2 도미티안 황제 조각물

키레테거리에서 발견된 둥근 아치형의 신전과 동일한 것으로 생각되어 왔다. 그럼에도 불구하고 보위(E.L. Bowie)는 이 건축물이 단지 황제에게 사적으로 헌납된 사당일 뿐이라고 주장을 하는데, 네개의 네오코라테(neocorate) 신전들이[21] 둥근 아치형 구조를 하고 있지 않음을 알려주는 화폐학적 증거가 있기 때문이다.[22]

에베소에서 연극을 공연하고 은을 배포하여 황제 안토니누스 피우스의 생일을 기념했다. 이것은 극장에서 발견한 비명을 통해서 밝혀졌는데, 1900년에는 데오도르 몸센(Theodor Mommsen)이 처음으로 발간을 했고, 그후 1977년에는 루이스 로버트(Louis Robert)가 재편집을 했다.[23] 황제는 에베소로, 로마와 에베소 그리고 부유한 에베소의 후원자 사이의 관계를 묘사하고 있는 한 통의 편지를 보냈다. 그 글은 이 도시의 북쪽에다 근사한 체육관을 세운 베디우스 안토니누스(Vedius Antoninus)의 선행과 관련이 있다. 안토니누스 피우스

University Press, 1977), p. 128; Magie. *Roman Rule,* vol. I, p. 619.

21) Price and Trell, *Coins and Their Cities,* p. 136.

22) E. L. Bowie, "The 'Temple of Hadrian' at Ephesus," *Zeitschrift für Papyrologie und Epigraphik* 8 (1971): 132-41.

23) Louis Robert, "Sur des inscriptions d'Éphèse," *Revue de Philologie* 51 (1977): 7-14.

(Antoninus Pius)는 다음과 같이 쓰고 있다.

> 나는 베디우스 안토니누스(Vedius Antoninus)가 당신에게 베풀어준 관대함에 대해서 당신의 편지를 통해서가 아니라 그에게 직접 들어 알았습니다. 그는 내게 당신에게 약속한 그 공공 건물의 장식을 위해서 도움을 줄 것을 요청해왔고, 이로 인해 나는 그가 그 도시에다 세우고자 하는 건물의 규모가 얼마나 거대한 것인지 알게 되었습니다.…나는 승낙을 했습니다. 난 그가 즉각적인 칭찬을 얻고자 하거나 전시효과나 경기에 대한 보상과 상금을 바라고 베푸는 그런 정치가들과 같은 방식으로 행동하는 것을 좋아하지 않는다는 것을 알고 있었습니다. 단지 그는 미래를 내다보며 자신의 도시의 위엄이 높아지길 바랄 뿐이었습니다.[24]

발 굴

거대한 아데미 신전은 세계의 7대 불가사의 중 하나로 3세기에 고트(Goths)*족이 파괴시켜버렸다. 그것은 수세기를 거치는 동안에 20피트 아래 땅 속에 파묻혀버려서 정확한 위치는 어딘지 모른다. 중세기에 터어키인들이 이곳으로 들어와서 기독교는 소수 집단의 신앙으로 변하게 되었다. 대주교 트렌치(R.C. Trench)의 1861년 논고에서 그는 붕괴된 에베소 지역에 수립된 터어키의 도시 셀죽제국*(Selcuk)에 대한 침체기 중의 상황을 서술해 놓았다:

---

24) Cited in *A History of Rome Through the Fifth Century* II: *The Empire*, ed. A. H. M. Jones (New York: Harper & Row, 1970), p. 230.

*역자주: 고트족은 A.D 3~5세기에 로마제국을 침략한 터어키계의 한 민족으로서 야만인(barbarian)으로 부르고 있는데, 어떤 역사학자들은 유목민족인 터어키계의 한 부족으로 보고 있다.

에베소에 대한 예언의 성취(계 2:5)가 얼마나 무서운 것이었나 하는 것은 한 때 명성을 떨쳤던 이 도시의 붕괴 상황을 찾아가서 목격한 모든 현대의 성지순례자들이 증거하고 있다. 그리 멀지 않아서 이 곳에는 단지 세 명의 기독교인만을 찾아볼 수 있게 될 것이고 이들도 사도 바울이나 사도 요한의 이름은 거의 들을 수 없게 됨에 따라서 무지와 냉담으로 시들해질 것이다.[25]

　　트렌치(Trench)가 이런 말들을 했던 얼마 후 끈기있는 영국의 건축가 요한 우드(John Wood)는 아데미신전(Artemision)의 터를 찾기 위해 6년간의 탐색에 착수했다. 우드(Wood)는 마침내 1869년 그 터를 발견해냈고, 1874년까지 에베소에서의 작업을 계속했다. 1904/1905년 데이비드 호가드(David G. Hogarth)는 B.C. 700년경으로 추정되는 보석과 청동제 및 상아로 만든 아데미(Artemis)의 동상들로 가득 채워진 봉헌물 구덩이를 발견해 냈다.

　　오스트리아인들은 1894년 에베소에서 윌버그(W.Wilberg)의 작업에 관계하게 되었다. 이들의 발굴은 세계 제 1차 대전까지 계속되었고, 그 다음엔 1926년부터 1935년까지 재발굴을 착수하였다. 1954년부터 1958년까지의 작업에서는 프랜즈 밀트너(Franz Miltner)가 감독하였다. 오스트리아 고고학(Österreichischen Archäologischen) 연구소는 알징거(W. Alzinger), 베테르스(H. Vetters), 포젤(E.Fossel), 스트로크카(V.M Strocka), 밤머(A. Bammer), 그리고 크니베(D.Knibbe)의 감독 아래 오늘날까지 그 활동들을 계속해 오고 있다.

---

25) R. C. Trench, *Commentary on the Epistles to the Seven Chreches in Asia* (Minneapolis: Klock and Klock, 1978 reprint of 1897 edition), pp. 88-89.

　*역자주: 셀죽제국은 터어키의 유목민족이 정착민족으로 전환하면서 여러 부족을 병합하여 세운 것이다.

기념물과 활동

에베소의 주요한 몇몇 기념물들을 조사하기 위해선 먼저 우리는 세 개의 도로들을 주목해 볼 필요가 있다.

아카디어(Arcadian)* 도로는 길이 530미터, 폭 11미터로 동편의 항구에서 극장(그림 6, #9 참조)을 향해 나있다. 이 대로는 원래 동상들로 장식된 원주형의 집회소들을 측면에 두고 있었다. 오늘날 이 도로의 모습은 황제 아카디우스(Arcadius, 395~408)가 재건한 것으로 기록되어 있다.

아카디어(Arcadian) 도로의 동편 끝은 대리석 거리(Marble Street)를 향해 달리고 있으며, 아데미신전(Artemision)의 옛 경기장과 극장을 기준으로 하면 서편에 있다(사진 VII.3 참조).

키레테 거리(Curtes Street)는 상업시장의 남동쪽 모퉁이 근처에 있는 대리석 거리(Marble Street)의 남쪽 끝에 있으며, 북쪽의 피온 산과 시정집회장 윗편에 있는 남쪽의 고레소스(Koressos) 산 사이인 남동쪽 방면을 향해 있다(그림 6, #22와 사진 VII.4 참조).

시정집회장

최근 오스트리아인들은 많은 발굴 노력을 기울여 국가시장(the Staatsmarkt)이나 시정집회장에 관심을 가져왔다(사진 VII. 5 참조). 이 곳에는 헤스티아(Hestia)의 신전(비교, 로마의 Vesta)에서 계속적으로 불태워버리던 영구적인 벽난로 바닥(화덕)이 있었다. 또한 이 곳에는 프리타네이온(Prytaneion)이나 중앙홀이 있었고 바울테리온(bouleuterion)*이나 의회관으로 사용되었던 반원형의 극장

---

*역자주: 아카디어는 옛 그리스 산 속의 이상향의 지붕이 있는 도로로, 회랑을 이룬 도로를 말한다.

*역자주: 바울테리온(bouleuterion)은 고대 그리스의 입법회의 장소를 지칭하는

VII.3 대리석 거리

VII.4 키레테 거리

VII.5 시정집회장

VII.6 연극장 및 의회장소

VII.7 상업집회장 및 시장터

7. 에베소(EPHESUS) · 111

Ⅶ.6-1 극장 및 의회 장소(odeion)

Ⅶ.7-1 회당

VII.7-2 교회 유적(basilica)

(*Odeion*)(#21)도 있었다(사진 VII.6과 6-1 참조). 동편 및 남쪽의 경계지역 뿐 아니라 중앙의 대부분도 아직까지 발굴되지 않은 채로 있다.

상업시장

상업 시장(commercial agora)은 110미터 정방형(#12)인데 헬레니즘 시대에 세워졌고, 그 후 아우구스투스(Augustus), 네로(Nero), 카라칼라(Caracalla) (사진 VII.7) 통치 때에 확장됐다. 이곳의 중앙부에는 한때 해시계와 물시계가 있었다.[26] 연극장 근처에서 바울에게 항의를 했던 은세공자들도 이 지역에서 상점을 가지고 있었다.[27]

---

26) Keil, *Ephesos*, p. 54.
27) E. M. *Blaikolck, The Cities of the New Testament* (London: Pickering & Inglis, 1965), p. 67.

목욕탕, 체육관, 운동 경기장

비문에서 알 수 있듯이, 에베소는 아우구스투스(Augustus)와 티베리우스(Tiberius)[28] 때에 세운 수로를 통해 용수를 공급받았다. 큰 규모의 항구 체육관은(#7) A.D. 150년에 푸불리우스 베디우스 안토니누스(Publius Vedius Antonius)(#1)가 설립한 체육관과 같이 목욕탕이 구비되어 있고, 도미티안(Domitian) 때에 가서 거의 완성되었다. 최근의 작업들은 상업시장 부근의 바리우스 목욕탕(사진 VII. 7-3, Varius Baths)에 집중되어 있고, 그 곳은 부유한 에베소의 철인들(Ephesian sophist)과 플라비우스 다미아누스(Flavius Damianus)가 기부하여 건설되었다.[29]

VII.7-3 바리우스 목욕탕 유적

---

28) Vermeule, *Roman Imperial Art*, p. 465; G. M. A. Hanfmann, *From Croesus to Constantine* (Ann Arbor: University of Michigan Press, 1975), p. 48.

29) The same sophist gave funds for the poor, restored many public buildings, built a dining floor in the Artemision, and provided an elaborate portico between the Magnesian Gate and the Artemision to provide shelter from the rain. G. W. Bowersock,

에베소는 큰 체육관을 갖추고 있었다. 항구 체육관/목욕탕 동편에는 가로 200미터 세로 240미터 가량되는 베룰란 홀(Verulan Hall)(#5)이 있다. 이것은 13종의 대리석으로 장식이 된 경기장인데, 하드리안(Hadrian) 집권 초에 아시아의 고위급 교구인 클라우디우스 베룰라누스(Claudius Verulanus)가 장식했다.[30]

북쪽에는 수영장까지 갖춰져 있는 베디우스(Vedius)체육관(#1)이 잘 보존되어 있다. 연극장 체육관(#6)은 일부분만이 발굴됐다.

에베시아(Ephesia)라고 알려진 해마다 개최하는 운동 경기들은 미케일(Mycale) 구릉에 있는 에베소 남쪽 파니오니온(Panionion) 성지에서 범-이오니아인(Pan-Ionian)축제라는 이름으로 처음 개최되었던 것으로 알려졌다(그림 8). 그러나 B.C. 4세기 초 이 경기들은 에베소 자체의 행사로 변경되었다. 에베소인들의 운동경기들은 음악과 춤이 한데 어우러진 형태로 여성들도 참여하도록 하였다.[31] 여성들은 또 아데미시아(Artemisia)라고 알려진 축제에서 눈에 띄는 역할을 알고 있었다.

베스파시안 황제(Vespasian)치세 때 바르빌루스(Varbillus)란 이름의 유명한 점성가는 황제에게 바르빌레아(Barbillea), 또는 발빌레아(Balbillea)[32] 라는 경기 종목을 후원해달라고 부탁했다. 하드리안 황제는 에베소에 하드리아네이아(Hadrianeia)로 알려진 경기를 제정했다.

비문에는 운동가 양성 책임자(gymnasiarch)나 아고노데타이(Agōnothetai)를 후원하고자 기부금을 내주고 이 경기들을 주재했던 부유한 사람들의 이름이 적혀 있다.[33] 마르쿠스 아우렐리우스

Greek Sophists in the Roman Empire (Oxford: Clarendon Press, 1969), p. 27.
30) Keil, *Ephesos,* pp. 80-81.
31) I. R. Arnold, "Festivals of Ephesus," *AJA* 76 (1972): 17-18.
32) Ibid., pp. 18-19; Millar, *The Emperor,* p. 449.
33) Jones, *Roman World,* p. 68; Louis Robert, "Sur des inscriptions d'Éphèse: fêtes, athlètes, empereurs, épigrammes," *Revue de Philologie* 41 (1967): 7-14.

7. 에베소(EPHESUS) · 115

Ⅶ. 7-4 하드리안 황제 신전

(Marcus Aurelius)치하 때 아시아르크스(Asiarchs)*는 하드리아네이아 경기(Hadrianeia)를 위해 재판장(아고노데테스)의 책임을 맡는 명예를 안았다.[34]

또 다른 비문들은 운동 선수들의 승리를 기념하고 있다. B.C. 300년에 기록된 한 본문은 그리스의 범헬레닉 네메안(Panhellenic Nemean) 경기에서 우승한 아테노도루스(Athenodorus)를 축하하고 있다.[35] 그리스-로마(Greco-Roman) 세계의 선수들에 대한 특혜기록이 마르크 안토니(Mark Antony)가 아시아의 의회에 보낸 서한 속에 나타난다(B.C. 42~41 또는 B.C. 33~32년경).

> 이전의 일로 저는 저의 친구이자 운동가 양성자인 마르쿠스 안토니우스 아데미도루스(Marcus Antonius Artemidorus)와 종교적 승리를 이룬 시조 종교회의장, 그리고 주민들이 거주하는 에베소의 카로피누스(Charopinus)의 금관 수상자들에게서 탄원을 받았는데, 그들은 종교회의상의 불가침 권한 확보 및 요청한 군역과 모든 교회의식, 기숙의 면제 뿐 아니라 축제기간 중의 휴식과 보호소의 이용, 자주색 복장의 착복 허용 등을 골자로 하는 또다른 특권을 부여해줄 것을 제게 탄원했습니다. 이에 대해 저는 당신의 서신상의 동의를 즉각 구합니다.[36]

야수와 검투사

그리스도 부활의 실재 여부의 논쟁에서 바울은 "만약 내가 단지 인간이란 이유로 에베소에서 맹수와 맞서 싸운다고 하면 이것이 내

---

34) Millar, *The Emperor*, p. 449.

35) Robert, "Inscriptions" (1967), pp. 14-32. For another boxer, see idem, *Opera Minora Selecta* (Amsterdam: A. M. Hakkert, 1969), vol. II, pp. 1138-41.

36) Cited in Millar, *The Emperor*, p. 456. For the Greek text, see R. K. Sherk, *Roman Documents from the Greek East* (Baltimore: Johns Hopkins University, 1969), p. 291.

*역자주: 아시아르크스는 어떤 희생을 감당하고라도 이오니아 체전을 준비하는 자를 이르는 말, 즉 "아시아의 지도자"란 칭호.

게 무슨 유익을 주겠는가?"라고 말했다(고전 15:32, NIV 성경). 학자들은 이 언급을 가지고 바울이 실제로 경기장에서 맹수와 맞서 싸우고서 한 실제 경험의 것인지 아니면 바울을 반박하던 자들을 은유적으로 표현한 것인지 오랫동안 논쟁을 벌여왔다. 후자는 헤롤드 메어(W. Harrold Mare)의 최근 주석에서 호평을 받고 있다.[37]

다른 야수들이나 사람들에게 대항하다 덫에 빠지게 해서 들짐승들을 잡는 베나티오(*venatio*, 사냥)는 로마인들에게 대단한 인기를 끌었었다. 이 볼만한 구경거리를 제공하기 위해서 누비아(Nubia)의 하마나 북부 아프리카의 코끼리, 메소포타미아 지역에 있는 사자와 같은 순종 맹수들이 멸종 당했다.[38] 베나티오네스(*venationes*)는 B.C. 71~70년경 에베소에서 루쿨루스(Lucullus)가 아시아에 최초로 소개했다. "에베소에선 '13일의 축제'를 치르기 위해 39쌍의 맹수들이 동원되었고, 5일 동안의 사냥에서 25마리의 아프리카 짐승들이 죽었다"고 아놀드(I.R. Arnold)는 언급한다.[39]

루디(*ludi*) 또는 검투사 경기는 전쟁 포로를 죽음의 도가니로 몰아 희생시키던 에트루스칸(Etruscan)의 관습에서 유래되었다. 로마제국 때는 에딜레스(*Aediles*)나 "시장들"이 기부금을 내주고 시민들이 호응을 해서 행사를 하는 것이 관습이 되었다.[40] 아시아르크스

---

37) W. Harold Mare, "1 Corinthians," in *The Expositor's Bible Commentary,* ed. F. E. Gaebelein (Grand Rapids: Zondervan, 1976), vol. X, p. 288. See also V. R. E. Osborn, "Paul and the Wild Beasts," *Journal of Biblical Literature* 85 (1966): 225-30; A. J. Malherbe, "The Beasts at Ephesus," *Journal of Biblical Literature* 87 (1968): 71-80; E. A. Judge, "St. Paul and Classical Society," *Jahrbuch für Antike und Christentum* 15 (1972): 26.

38) George Jennison, *Animals for Show and Pleasure in Ancient Rome* (Manchester: Manchester University Press, 1937); J. M. C. Toynbee, *Animals in Roman Life and Art* (London: Thames and Hudson, 1973).

39) Arnold, "Festivals," p. 22.

40) M. Grant, *Gladiators* (New York: Delacorte, 1967); R. Auguet, *Cruelly and Civilization: The Roman Games* (London: George Allen and Unwin, 1972); A.

(Asiarchs) 같은 정치학자들이 이런 에베소의 경기들을 후원해주었다.[41]

네로(Nero)처럼 예외적인 몇 명을 제외하고는 대부분의 로마인들은 그리스 경기의 일종인 나체형을 거의 보지 못했다. 반대로 그리스인들도 로마인들의 잔악스런 검투사 경기를 거의 맛보지 못한 것으로 생각된다. 이것은 로마의 지식층들이 그 경기에 관해 거의 아무런 반론도 펴지 않았다는 것과 플루타크(Plutarch)같은 그리스 작가들이 그러한 이들을 비난했던 바를 통해서 사실임이 증명된다. 무쏘니우스(Musonius)와 그의 제자인 디오 크리소스톰(Dio Chrysostom)은 검투사 경기인 루디(ludi)가 그리스에서 후원을 받은 사실을 비난했다.[42] 비문에 기록된 서머나의 논평을 헤머(C.J. Hemer)는 "서머나에서 행해졌던 로마인들의 잔악 무도한 발상에서 기인한 이런 유행은 그리스 동부의 경우와 비교해볼 때 너무도 판이하게 달랐다"라고 평했다.[43]

문제는 검투사의 격투가 그리스의 경기로 대치되지는 않았지만, 점차로 그리스와 소아시아에서 큰 인기를 끌게 되었다는 것이다.[44] 수많은 그리스의 반원형 극장과 아테네의 명성높은 디오니수스(Dionisus: 술의 神-역자주) 극장까지도 이 격투를 하기에 좋은 에워싼 원형극장의 형태로 재구성이 되었다. 에베소에 있는 네로의 경

Cameron, *Bread and Circuses* (London: King's College, 1974); J. Pearson, *Arena* (London: Thames and Hudson, 1973).

41) W. M. Ramsay, *The Cities and Bishoprics of Phrygia* (Oxford: Clarendon Press, 1895), vol. I, p. 76.

42) Jones, *Roman World,* p. 28.

43) Hemer, "Unto the Angels," *BH* 11 (1975): 66. Cf. Louis Robert, *Études Anatoliennes* (Amsterdam: A. M. Hakkert, 1970 reprint of the 1937 edition), pp. 138ff., for "inscriptions agonistiques" from Smyrna.

44) Barbara Levick,, *Roman Colonies in Southern Asia Minor* (Oxford: Clarendon Press, 1967), p. 83.

기장도 이러한 목적에서 변형된 것이다. 크리소스톰은 이 도시의 외각에 있는 몇몇 협곡에서 행해진 이런 격투를 구경하던 고린도인들을 고발했다. 고린도의 옛 극장들은 대략 예수가 탄생할 즈음 원형경기장으로 변형되었다.[45]

루이스 로버트(Louis Robert)는 비문자료를 연구하여 특히 소아시아의 검투 경기가 그리스-로마(Greco-Roman)의 도시에서 흥행됐음을 입증했다.[46] 로마경기에 관한 증거는 에베소 뿐 아니라 밀레도(Miletus), 버가모(Pergamum), 서머나(Smyrna), 라오디게아(Laodicea) 및 히에라폴리스(Hierapolis)에서도 발견됐다.[47]

기독교의 사역자들에게서 비난을 받기도 했지만, 수많은 성도들이 희생되었던 이 야만스런 경기는 어거스틴(Augustine)의 『신의 도시』(City of God)에 나온 경축도로처럼 군중들 사이에서 인기를 모았다. 한 수도사가 경기장에서의 격투를 저지하다가 죽은 일을 계기로 검투 경기는 호노리우스(Honorius) 황제 때인 A.D. 404년에 마침내 폐지되었다.[48] 그러나 짐승들끼리 하는 경기들은 A.D. 681년까지도 계속되었다.

연극장

오스트리아인들이 처음으로 발굴한 장소는 24,000명의 에베소인들이 바울의 전도를 저지하려고 소리를 치며 모여들었던 곳이다(행 19:23, 사진 VII. 8). 이 연극장은 아마도 B.C. 2세기에 시공되어 클

---

45) Jones, *Roman World*, p. 32; J. Capps, "Observations on the Painted Venatio of the Theatre at Corinth and on the Arrangements of the Arena," *Hesperia Supplement* 8 (1949): 65.

46) Louis Robert, *Les Gladiateurs dans l'Orient Grec* (Amsterdam: A. M. Hakkert, 1971 reprint of the 1940 edition).

47) Magie, *Roman Rule*, vol. I, p. 655.

48) Grant, *Gladiators,* pp. 122-24; V. G. Ville, "Les jeux de gladiateurs dans l'empire chrétien," *Mélanges de l'école française de Rome* 62 (1960): 273-335.

VII.8 연극장(행 19:23에서 바울이 언급한 연극장)

라우디우스(Claudius) 황제 때 확장된 것 같다. 네로 황제가 이층 건물을 세우고 삼층은 A.D. 2세기에 증축되었다.⁴⁹⁾

이 연극장은 수많은 동상들로 장식되어 있다. 1960년에 발행된 기사에는 120개나 되는 큐피트(Cupids)와 승리자의 동상 기증물에 대해 보고하고 있다.⁵⁰⁾

사면(斜面)의 가옥들

최근의 작업을 통해서 헹가서(Hanghäuser)(#17)나 일련의 인슐레(*insulae*) 또는 키레테(Curetes) 거리의 남쪽 언덕에 위치해 있는 사면(斜面)의 가옥들을 발굴해냈다: 선술집과 가게들 앞열 너머엔 중상층이 사는 2층짜리 아파트 군이 계단식 땅으로 퍼져 있다. 이들 주택은 A.D. 1세기부터 7세기까지 자리잡고 있었다(사진 VII.9를 참조).

가장 인상깊은 이 집들의 특징은 A.D. 1세기에 그려진 소크라테스(Socrates) 초상화를 위시한 벽화들이 그려져 있다는 것이다(사진 VII.10을 참조). 가장 멋진 벽화는 세베란(Severan)시대(3세기 초)로 기록하고 있는 헹가서(Hanghäus) 2의 극적인 장면이다.⁵¹⁾ 이것들은 1967년에 발견되었다. 4군데의 벽면에 극적인 분장을 하고 있는 배우들의 4가지 연극 주제가 드러나 있다. 이것들은 마치 유리피

---

49) Keil, *Ephesus*, pp. 88-89; E. Akurgal, *Ancient Civilizations and Ruins of Turkey*, 2nd ed. (Istanbul: Mobil Oil Türk A. S., 1970), p. 157; Daria de Bernardi Ferrero, *Teatri Classici in Asia Minore* III (Rome: "L'Erma" di Bretschneider, 1970), pp. 49-66.

50) Louis Robert in Jean des Gagniers et al., *Laodicée du Lycos: Le Nymphée, Campagnes, 1961-1963* (Quebec: l'Université Laval, 1969), p. 258.

51) H. Vetters, "Die Hanghäuser an der Kuretonstrasse," *Beiblatt* 50 (1972-75): 331-80; V. M. Strocka, "Wandmalerei," *Beiblatt* 50 (1972-75): 469-94; V. M. Strocka, *Die Wandmalerei der Hanghäuser in Ephesos* (Vienna: Österreichischen Akademie der Wissenschaften, 1977); see also a review of the latter by P. H. von Blanckenhagen in *AJA* 82 (1978): 565-671.

122 · 잊혀진 땅 소아시아

Ⅶ.9 사면의 가옥 유적

7. 에베소(EPHESUS) · 123

Ⅶ.10 소크라테스 벽화

테스(Euripides)의 두 극과 메난더(Menander)의 두 극의 장면을 묘사하듯 비문에 기록되어 있다:

(1) 유리피데스(Euripides)의 오레스테스(*Orestes*), 233~36줄, 오레스테스(Orestes)가 엘렉트라(Electra)를 곁에 하고 침대 위에 누워있음.

(2) 타우리스(Tauris)에 있는 유리피데스(Euripides)의 이피게니아(*Iphigenia*), 1159~1221줄, 심한 상처를 입은 모습으로 타우리스(Tauris)왕 토아스(Thoas) 면전에 이피게니아(Iphigenia)가 나타남.

(3) 메난더(Menander)의 시시오니오이(*Sicyonioi*), 1964년에 새로 출간된 조각의 일부로 드로몬(Dromon)과 모쉬온(Moschion)을 묘사하고 있음.

(4) 메난더(Menander)의 페리케이로메네(*Perikeiromene*, '머

리채를 잘린 소녀'), 두 여자와 한 남자를 묘사한 장면[52]

메난더(Menander)는 헬레니즘 시대 때 가장 인기를 모았던 작가였다. 그는 백편 이상의 희곡을 썼지만『디스콜로스』(Dyskolos, '나쁜 기질의 남자') 단 한 편만이 보전되어 1955년에 발견되었다.[53] 비록 이 사실을 증명하긴 어렵지만, 바울은 이 연극장에 갔을 때 고린도전서 15:33에서 메난더(Menander)의 작품『타이스』(Thais)의 일부분을 인용했다: "악한 동무들은 선한 행실을 더럽히나니"[54]

켈수스(Celsus)의 도서관

키레테(Curetes)거리 서편 끝에는 켈수스(Celsus)의 웅대한 도서관이 위치해 있었다(#14). 유난히 두드러지는 두 시민인 아버지와 아들을, 이 도서관은 기리고 있다. 대부분의 학자들은 A.D. 110년에[55], 집정관(consul suffectus)이었던 아들 가이우스 쥴리우스 아퀼라(Gaius Julius Aquila)가, 92년에 집정관이었고 105~106년에 아시아의 지방총독이었던 그의 아버지 티베리우스(Tiberius Julius Celsus Polemaeanus)를 기리기 위해서 이 도서관을 건립했다고 믿는다.[56] 또 다른 학자들은 아버지가 이 도서관을 착수했을 것으로

---

52) V. M. Strocka, "Theaterbilder aus Ephesos," *Gymnasium* 80 (1973): 362-80, plates 16-20.

53) T. B. L. Webster, *Hellenistic Poetry and Art* (New York: Barnes and Noble, 1964), pp. 8-12; *Four Plays of Menander,* ed. E. Capps (Boston: Ginn, 1910); *Theophrastus, The Characters; Menander, Plays and Fragments* (Harmondsworth: Penguin, 1967).

54) Paul makes but three other direct quotations from classical sources: from Aratus (*Phaenomena* 5) and Ps.-Epimenides in Acts 17:28, and from Epimenides (*De Oraculis*) in Titus 1:12. For possible allusions, see E. B. Howell, "St. Paul and the Greek World," *Greece and Rome* 11 (1964) : 7-29.

55) Augustus reduced the term of the consul to a half year; the consul suffectus was the consul for the second half of the year.

56) Magie, *Roman Rule,* vol. I, p. 584 ; Hanfmann, *From Croesus to Constantine,* p. 43.

믿는다. 켈수스(Celsus)는 이 도서관 지하에 묻힐 수 있는 특별한 영예를 얻었다. 켈수스(Celsus)의 동상 세개와 그의 아들의 동상 하나가 발견되었다.

이 도서관은 전면 2층의 비교적 작은 건물이었다.[57] 큰 홀의 크기는 가로 16.7미터 세로 10.9미터 정도였다. 괴체(B.Götze)는 기본층에는 4,000개의 두루마리 서적이 쌓여 있고, 2층과 3층 화랑의 벽을 둘러친 선반 위에는 5,500개의 두루마리 서적이 쌓여 있어서 총 9,500개가 될 것이라고 추정했다.[58] 헤르만 베터스(Hermann Vetters) 치하에서 1970년까지 그 도서관을 복건했던 오스트리아인들은 최대 수용량이 12,000여개 정도가 아니었을까 하고 추정한다 (사진 VII. 11 참조).[59]

청중석

사도행전 19:9에 보면, 바울은 에베소 "두란노서원(Tyrannus)에서 날마다 강론하여"라고 하였다. 서방의 책(Western Text)에 바울이 그곳에서 '5시에서 10시까지' 즉 오전 11시에서 오후 4시까지 강론을 했다는 재미있는 주석이 달려있다.

에베소는 특히 A.D. 2세기인 소위 제 2의 철인시대 기간에, 웅변술의 중심지로 유명해졌다.[60] 필로스트라투스(Philostratus)는 아폴로니우스(Apollonius)가 이 도시에 대해 다음과 같이 찬사했다고 말했다.

---

57) Keil, *Ephesos*, pp. 105-06.

58) B. Götze, "Antike Bibliotheken," *Jahrbuch der Deutschen Archäologischen Instituts* 52 (1937): 242.

59) W. Wilberg et al., *Ephesos: Die Bibliothek* (Vienna: Österreichisches Archäologisches Institut, 1945); I. Hueber and V. M. Strocka, "Die Bibliothek des Celsus," *Antike Welt* 6 (1975): 3-14.

60) Bowersock, *Greek Sophists*, p. 17.

Ⅶ.11 A.D. 2세기에 지어진 켈수 스도서관

감히 에베소를 빼앗을 자가 누구인가? 이 도시는 가장 신성한 땅인 아티카(Attica)에 사는 종족의 기원이 된 지역이다; 이 도시는 이오니아(Ionia)나 리디아(Lydia)의 다른 어떤 도시보다도 더 크게 성장해 왔다; 이 도시는 기초가 세워진 곳에서부터 확장하여 바다에까지 진출했다; 이 곳은 철학과 수사학 연구의 중심지였는데, 이 연구들이 지혜를 추구한 것이어서 많은 말들(horse) 때문만이 아니라 지혜있는 시민들 때문에 이곳은 막강한 도시가 되었다(「아폴로니우스(Apollonius)의 삶」, VIII.8).[61]

A.D. 1세기의 그리스 비문이 켈수스(Celsus)의 도서관 근처에서 발견되었는데, 거기에는 교수들이나 수사학자 및 시인들이 낭송을 하거나 연설을 하는 강의실이라는 뜻을 지닌 아우데이토리온(σύδειτώριον, 여기서부터 라틴어 auditorium이 나옴)이라는 단어가 씌어 있다.[62] 헤머(Hemer)는 아마도 이 단어가 사도행전 19:9에 사용된 '휴식'이라는 의미를 본래 지닌 그리스 말 '스콜레'(σχολή, school)와 동의어일 거라고 제안했다.[63] 쥴리아 돔나(Julia Domna)의 서한에서는 로버트(Robert)가 개정해서 '파이드'[παιδ(αγωγεῖον) '교실']로 읽는다는 설명이 나타나 있다.[64]

불행하게도 그 도서관 동편을 조사하려고 한 시도에서는 단 하나 옛 비잔틴시대의 벽만을 발견했을 뿐이고 청중석에 관한 아무런 유적도 발견하지 못했다.[65]

---

61) Philostratus, *Life of Apollonius,* tr. C. P. Jones (Harmondsworth: Penguin, 1970), p. 217.
62) Keil, *Ephesos,* p. 109; Hueber and Strocka, "Die Bibliothek," p. 6.
63) C. J. Hemer, "Audeitorion," *TB* 24 (1973): 128.
64) Robert, "Inscriptions" (1967), p. 58.
65) H. Vetters, "Ephesos, 1976," *AS* 27 (1977): 39; M. J. Mellink, "Archaeology in Asia Minor," *AJA* 81 (1977): 308; 82(1978): 327.

매음굴(창녀촌)

하드리안 신전 뒤편 키레테(Curetes) 거리 북쪽에는 철학자란 이름을 지닌 한 기독교도 여성이 A.D. 400년경에 확장시킨 목욕탕 몇 개가 있었다. 대리석 거리와의 교차점 가까이 서편구역에서 발굴자들은 1세기 말이나 2세기 초로 추정되는 호기심을 갖게 하는 방 몇 개를 발견했다. 키레테(Curetes)거리 바로 옆에는 변소가 놓여 있었고, 그 뒤편 북쪽에는 책상들이 있었고 또한 사계절을 나타내는 여성의 두상 네개가 모자이크 된 응접실도 있었다. 목욕탕 하나는 서편에 자리잡고 있다.[66]

'파이디스케오이스'(παιδισκήοις)란 단어를 새겨 놓은 문틈과 벽 사이를 장식하는 벽돌들이 그 변소 부근에서 발견되었는데, 밀트너(Miltner)는 이 전체 복합체를 파이디스케이온(Paidiskeion)이나 창녀촌이라 설명했다(그림 6 #16, 그리고 사진 VII.12 참조). 그는 위층에서 살던 매춘부들이 그들의 손님이 오면 맞이해서 심지어는 그들과 함께 잠자리를 같이했을 거라고 했다.

대리석거리 북쪽 약 70미터쯤 되는 포장된 벽돌에는 창녀촌을 선전하기 위한 선정적인 그림이 새겨진 약간의 상징들이 있다. 이 상징들 속에는 점이 찍힌 삼각형이나 왼발 및 5개의 탑으로 장식된 머리 장식품을 한 여인의 모습이 있다(사진 VII. 12-1 참조).[67] 헤머(Hemer)는 이 상징물들의 사진에다 재미있는 제목을 붙여서 다음과 같이 설명하고 있다. "그림 문자 중에-하트, 소녀 그리고 발자국들

---

66) F. Miltner, "Ephesus," *AS* 7 (1957): 27.

67) For an illustration see Hemer, "Unto the Angels," *BH* 11 (1975): 15. Hans Licht, *Sexual Life in Ancient Greece* (New York: Barnes & Noble, 1963 reprint of 1932 edition), p. 338, notes: "The shoe of such a street-walker has been accidentally preserved. On the sole of this shoe...the word AKOLOUTHI(that is, 'follow me') is nailed, so that, while the girl is walking along, the word is impressed on the soft ground of the street, and the passer-by can have no doubt as to her trade."

7. 에베소(EPHESUS) · 129

Ⅶ.12 키레테거리옆 창녀촌

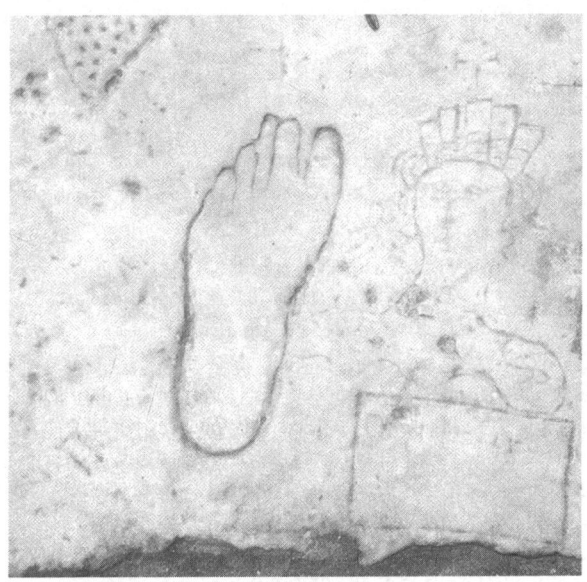

Ⅶ.12-1 창녀촌 상징물

은 손님들을 창녀촌으로 오도록 방향을 알려주는 것이다."[68] 어떤 이는 삼각형이 여성의 외음부를 상징한다고 설명한다.

불행히도 이러한 외설스런 해석에 의해서, 이런 증거가 냉철히 분석되어 변소에서 발견된 그림이 새겨진 벽돌과 이것의 북쪽 이른바 프로이덴하우스(Freudenhaus)나 보델로(bordello) 사이의 관계에 대해 의심하게 되었다.[69] 포장된 벽돌에 관한 대중적인 해석은 분명히 잘못된 것이다. 욥스트(W. Jobst)의 지적에 의하면 그 구역은 너무도 먼곳에 있었으며 더욱이 그 상징들은 A.D. 5세기경의 것으로 추정된다.[70] 더한층 나아가 오토 메이나르두스(Otto Meinardus)가 지적했듯이, 왼발은 남성의 발이고 5개의 탑이 장식된 관을 쓴 여성의 초상은 여신 티케(Tyche, 운명)라고 했다.[71]

아데미 신전

에베소에서 가장 위대한 건축물은 물론 두 말할 것 없이 아데미신전인 아르테미시온(Artemision)이다(로마신화의 다이아나[Diana]를 의미함). 전해오는 말에 의하면 이 신전의 고체(古體)는 B.C. 356년에 불에 탔다고 한다.[72] 발굴가들은 최근에 상아로 된 작은 조상의 일부를 발견해냈는데, 이것은 탄소-14 측정법에 의해 B.C. 4세기

---

68) Hemer, "Unto the Churches," *BH* 11 (1975): 15.

69) W. Jobst, "Das 'öffentliche Freudenhaus' in Ephesos," *Hauptblatt* 51 (1976-77): 61-69, 83.

70) Ibid., p. 67.

71) Otto F. A. Meinardus, "The Alleged Advertisement for the Ephesian Lupanar," *Wiener Studien*, n. F. 7 (1973): 244-49. There were probably bordellos in Ephesus; there were forty-five in Rome. Some of the rooms excavated at Pompeii were full of obscene graffiti and paintings, and were clearly used as brothels. See M. Grant, *Cities of Vesuvius* (London: Spring Books, 1971), p. 211.

72) For a general treatment of the Artemision, see D. G. Hogarth, *The Archaic Artemision* (London: British Museum, 1908); W. R. Lethaby, "The Earlier Temple of Artemis at Ephesus," *Journal of Hellenic Studies* 37 (1917): 1-16.

중엽의 것으로 추정되는 것이었다: "이것은 마치 헤로스트라토스 (Herostratos) 때문에 불에 탔던 옛 고체(古體)를 다시 보는 듯하다."[73]

재건된 이 신전은 헬레니즘시대의 가장 큰 건축물이었으며 전체가 다 대리석으로 지어진 최초의 기념비적 건축물이다. 이 신전은 길이가 110미터이고 넓이가 55미터로, 길이 127미터와 넓이 73미터인 대(臺) 위에 세워져 있다.[74] 플리니(Pliny) 장로에 따르면(*Natural History* XXXVI. 95) 그 곳에는 대리석으로 만든 60피트 높이의 청동 기둥이 127개나 있었다고 하며, 그 중 36개는 조각을 해서 금으로 도금을 한 것이다.[75] 부서진 조각들의 한 가운데에 선 우뚝 솟아 있는 유일한 하나의 기둥을 볼 수가 있다(사진 VII.13 참조). 조각된 장식물 중 하나는 영국의 대영 박물관에 소장되어 있다.[76] 기둥 머리는 이오니아식을 취했고, 그 기둥들은 이중주랑(二重柱廊)의 형태(쌍복도식)를 도입시켰으며 정면에 8개의 기둥을 보이고 있다.

대부분의 세부적 건축 묘사들은 클라우디우스(Claudis) 통치로부터 발레리안(Valerian) 통치까지로 추정되는 동전들을 통해서 우리에게까지 전수되었다.[77] 프라이스(M.J. Price)와 트렐(B.L. Trell)에 의하면 최근에 발견된 막시무스(Maximus) 동전은 '이 거대한 신전

---

73) M. J. Mellink, "Archaeology in Asia Minor," *AJA* 79 (1975): 215; H. Vetters, "Ephesos, 1973," *AS* 24 (1974): 30.

74) Keil, *Ephesos*, p. 49. The figures cited by Robert H. Mounce, *The Book of Revelation* (Grand Rapids: Wm. B. Eerdmans, 1977), p. 86, refer to the terrace and not to the temple proper.

75) Anton Bammer, *Die Architektur des jüngeren Artemision von Ephesos* (Wiesbaden: F. Steiner, 1972), p. 21.

76) Akurgal, *Ancient Civilizations,* p. 150. Hanfmann, *From Croesus to Constantine,* p. 13, comments: "Unfortunately less than one percent of the sculptures of the Artemision remains and these are mostly in small fragments."

77) On the general subject, see B. L. Trell, *The Temple of Artemis at Ephesos* (New York: American Numismatic Society, 1945).

132 · 잊혀진 땅 소아시아

VII.13 아데미 신전 유적지

VII. 13-1 내부 모습

에서 최고로 흥미로운 볼거리 중 하나'를 보존하고 있다.

　세 개의 창문들은 눈에 띌만한 모양을 하고 있고 덧붙여서 거기에는 4개의 동상들이……이들은 B.C. 5세기의 신전을 장식했던 유명한 아마존스(Amazons)였을 것이며, 그리고 재건할 당시에는 4세기 신전의 벽쪽으로 이전 되었던 것 같다.[78]

제 단

1965년에 오스트리아의 발굴가들은 이 신전이 서구식의 겉모습을 띠기 이전의 놀랄만한 모습을 발굴해 냈다: 그들이 거대한 신전을 발견한 것이다. 비록 그들의 발굴이 뜨거운 지하수층으로 복잡해지긴 했었지만, 그들은 고체(古體)시대(B.C. 450년경)의 U자형 벽이 바다로 향해진 채로 이 제단과 그 신전(temple)사이에 놓여 있다는 것을 발견했다(그림7 참조). 이 제단은 배수로를 구비한 가로 20.7미터 세로 39.7미터 면적에 세워졌다.[79] 이 제단의 주위에서 발견된 것들로는 동상들의 부서진 조각(어마어마하게 큰 말들의 두상도 포함해서)들과 상아로 만든 물품들과 점치는데 사용했음직한 수정 구슬이 있다.[80]

안톤 밤머(Anton Bammer)가 그 상태를 복원하였는데, 한 성직자가 커다란 희생제단으로 가는 경사면에 서서 제식(祭式) 동상이 있는 남쪽향을 마주보며 자신의 봉헌물을 드리는 모습이 있다.[81] 고전학(古錢學)적 증거를 토대로 프라이스(Price)와 트렐(Trell)은 서쪽

---

　78) Price and Trell, *Coins and Their Cities,* pp. 120, 126-27.
　79) M. J. Mellink, "Archaeology in Asia Minor, *AJA* 73 (1969): 221; Anton Bammer, "Recent Excavations at the Altar of Artemis in Ephesus," *Arch* 27.3 (1974): 202-05; idem, "Wo einst ein Weltwunder stand," *Das Altertum* 21 (1975): 27-35.
　80) Bammer, *Die Architektur,* p. 56; R. Fleischer, "Skulpturenfunde-Ephesos (1960-69/70)," *Beiblatt* 50 (1972-75): 461-68.
　81) Bammer, *Die Architektur,* p. 7; idem, "Die Entwicklung des Opferkultes am Altar des Artemis von Ephesos," *IM* 23/24 (1973-74): 53-63.

Ⅳ.13-2 에베소 신전터

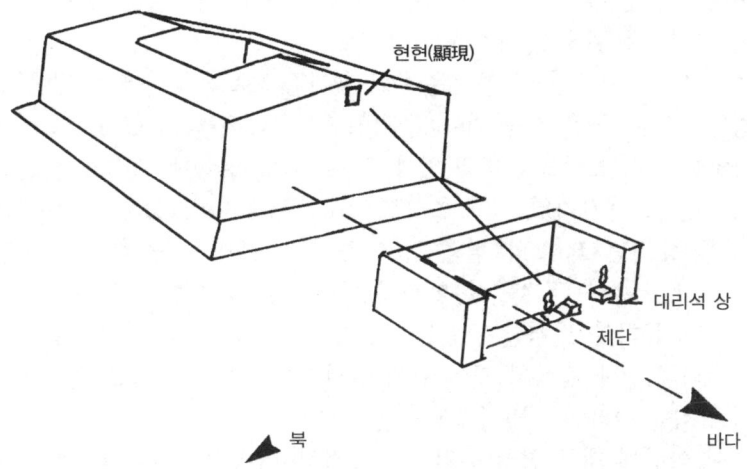

〈그림 7〉 에베소에 있는 신전과 제단

박공벽(pediment)에 창들이 있었다고 추측한다: "우리는 지금 사람들이 여신이 출현하거나 그녀의 신적인 상징이 창문에 나타나기를 기대하면서 그 신전에 모여들었던 광경을 마음 속에 그려볼 수가 있다."[82]

아데미 신상

동전들에는 또 지성소(至聖所) 안에서 제사를 지내기 위해 세웠던 여신상도 정밀하게 묘사해 놓았는데, 어떤 사람들은 그 여신상을 남성상으로 보기도 한다.[83] 에베소에 있는 수많은 아데미 신상들은 에베소와 팔레스틴의 가이사랴(Caesarea)에서 멀리 떨어진 지역에서

---

82) Price and Trell, *Coins and Their Cities*, p. 131. A coin of Macrinus depicts the altar of the imperial temple, and worshipers by it. See ibid., p. 211.

83) B. L. Trell, "Architecture on Ancient Coins," *Arch* 29 (1976): 9. See the front cover of the issue.

이미 발견된 바 있다. 멋진 두 개의 청동 모형상을 셀죽(Seljuk) 박물관에서 볼 수 있다(사진 VII.14 참조).

B.C. 150년부터 이 여신은 주로 젖가슴으로 해석되어 온 많은 구경체(球徑體)들이 가슴 위에 달린 모습으로 묘사되어 왔다. 그 밖의 다양한 여러 해석들도 하고 있다. 람세이(Ramsay)는 이것들을 꿀벌의 알들로 생각하였고, 오츠키쯔키(A. Wotschitzky)는 다산(多産)을 상징했던 타조의 알들로 여겼다.[84] 로버트 플래처(Robert Fleischer)는 모든 것을 종합해서 생각해 본 후에 어떤 설명도 만족스럽지 못하다고 결론지었다.[85] 엘마 하인젤(Elma Heinzel)은 이 여신의 의상에 장식된 것이 단지 다산만을 의미하지 않고 점성술적인 상징을 나타냈던 것이라고 여겼다.[86]

이 여신에 대한 헌신이 얼마나 열정적이었던가는 한 비명을 통해 분명히 알 수 있는데(B.C. 350~300), 이 비명에는 45명의 사데(Sardis) 주민이 아데미 신상을 방문하고자 망토를 입고 온 에베소 사절단을 냉대했다는 죄명으로 사형을 선고 받았다는 기록이 있다.[87]

아데미의 은신상을 만들어 팔아 부를 축적한 데메트리우스(Demetrius)와 은세공업자들은 바울에 대한 폭동을 선동했다. 다신교도들은 개종을 한 후, 신전에 나가던 일과 매매하던 일을 금하였다. 그리스어와 라틴어로 기록된 한 비명에는 가이우스 비비우스 살루타리스(Gaius Vibius Salutaris)가 A.D. 104년에 아데미상 몇

---

84) A. Wotschitzky, "Ephesus: Past, Present and Future of a Great Metropolis," *Arch* 14 (1961): 209.

85) Robert Fleischer, *Artemis von Ephesos und Verwandte Kultstatuen aus Anatolien und Syrien* (Leiden: E. J. Brill, 1973), pp. 73-85. For a review, see M. J. Mellink, *AJA* 79 (1975): 107-08.

86) Elma Heinzel, "Zum Kult der Artemis von Ephesos," *Hauptblatt* 50 (1972-73): 243-51.

87) F. Sokolowski, "A New Testimony on the Cult of Artemis of Ephesus," *Harvard Theological Review* 58 (1965): 427-31.

7. 에베소(EPHESUS) · 137

Ⅶ.14 에베소의 아데미상

점을 포함해서 연극장에 세워진 31개의 금과 은으로 된 신상들을 기부했음이 적혀있다.[88]

은행과 보호시설로 이용된 신전

에베소에는 엄청난 양의 이득이 있어서 순례의 길을 떠날 때에도 제공이 되긴 했지만, 막대한 부는 국고(國庫)의 일종으로 또는 은행처럼 이용됐던 신전 내에 고스란히 예금되어 있었다. B.C. 5세기 초 예탁금들은 계산이 되어 돌려받기도 했고 돈을 대부 받기도 했다. 디오 크리소스톰(Dio Chrysostom)의 말에 의하면(XXXI.54):

> 여러분들은 에베소인들에 관해 물론 알고 있다. 돈의 막대한 총액은 그들의 수중에 두고 그중 일부는 시민들의 사적인 소유로 있다. 그리고 아데미 신전에는 에베소인의 돈뿐 아니라 외국인들과 세계 각국의 사람들의 돈이 예치돼 있었고, 연방국이나 왕들 중 일부는 안전하게 돈을 보관해두기 위해 예치하기도 했는데, 이 곳은 과거에 일어났던 헤아릴 수 없는 전쟁이나 이 도시가 점령을 당했을 때조차도 감히 어느 누구 하나 손대지 못했던 곳이다.[89]

폼페이(Pompey)와 씨이저(Caesar)간의 시민 전쟁시, 폼페이(Pompey)는 스키피오(Scipio)에게 그 신전에서 기금을 빼내오도록 명령을 했었다. 그러나 이 일은 씨이저(Ceasar)가 즉시 움직였기 때문에 성공하지 못했다(씨이저, 『시민전쟁』 III.33). 이 기금들은 신성불가침한 것이라는 크리소스톰의 설교에도 불구하고, 그들은 이자를

---

88) Magie, *Roman Rule,* vol. I, p. 583; Adolf Deissmann, *Light from the Ancient East* (Grand Rapids: Baker, 1965 reprint of 1922 edition), p. 113; Richard Oster, "The Ephesian Artemis as an Opponent of Early Christianity," *Jahrbuch für Antike und Christentum* 19 (1976): 24-44.

89) See Jones, *Roman World,* p. 30. A bilingual inscription, published in 1960, records that Artemis was granted revenues from certain sacred lands. See Millar, *The Emperor,* p. 448.

따져서 대부해 줬고, 계속적인 유혹의 근거를 마련해 두었다고 다마스커스의 니콜라우스(Nicolaus)는 말하고 있다(단편 65).

바울이 도착하기 얼마 전에 지방총독 파울루스 파비우스 페르시쿠스(Paulus Fabius Persicus)는 이 신전의 재정을 통제하고, 모든 성직자들의 매매 행위를 폐지하며, 신전기금으로 유지하는 인원을 줄여나가는 것을 내용으로 하는 법령을 통과시켰다.[90]

오용되기 쉬운 성역의 다른 면은 신전 구내에서의 성역의 권리였다. 스트라보(Strabo)의 말에 따르면 알렉산더 대왕(Alexander)이 아데미 신전 주변의 구내(構內)를 확장시켰다고 한다(200미터). 미드라다테스(Mithradates)는 더 멀리까지 이것을 확장시켰고, 마르크 안토니(Mark Antony)도 그 이후 이것을 두 배나 확장시켰다. 이 확장 사업이 이 지역 내에 숨고자 하는 악인들에게 흥미를 끌게 했으므로 아우구스투스(Augustus)는 안토니(Antony)에 의해 공인된 확장사업을 폐지하도록 했다.[91]

숭배자(Neōkoros)

이 도시의 최고책임자인 시의원은 격분한 에베소인들에게 그들의 도시가 대 여신의 숭배자(neōkoros, 전각지기; 신전수호자, KJV)인 것을 상기시켰다(행 19:35). 이미 보았듯이 그리스 어원으로는 '신전의 청소부'였지만 차차 '관리자'의 뜻으로 격상되었다.

후기 황제 시대에 이 칭호는 황제를 숭배할 목적으로 특별히 선정된 신전들이라는 명예를 도시들에게 부여했다. 여기엔 새로이 발견한 신전들이 이 도시의 것인가 아니면 아시아 지방의 것인가에 대한

---

90) F. Millar, ed., *The Roman Empire and Its Neighbours* (London: Weidenfeld & Nicolson, 1970), p. 199.

91) Millar, *The Emperor*, p. 448; Magie, *Roman Rule*, vol. I, p. 470.

오랜 논쟁이 있었다. 람세이(Ramsay)는 전자의 입장을 지지했다.[92] 최근의 비명의 출판을 통해 로버트(Robert)는 후자의 경우가 맞다고 확신했다.[93]

아시아의 지도자

우리는 사도행전 19:31에 등장하는 '바울의 친구들 중의 하나였던 아시아의 지방총독(관원)'이 연극장으로 가려 하는 바울을 만류했던 기록을 읽으면서, 바울이 에베소에서 설교할 때 그가 상류사회 사람들에게도 접근했음을 추측하게 된다. 이들이 아시아의 지도자 (Asiarchs)들이다.

고증있는 증거를 보면 이들 지도자들은 아시아의 코이논(*Koinon*)이나 의회의 고관들이었다고 한다.[94] 또는 '신전청소부(*Stephanophorus*)'라고도 알려져 있는데, 이런 영향력 있는 로마시민들이 황제의 제식(祭式)을 주재(主宰)했었다. 최고 의장(대제사장)은 아마도 해마다 여러 아시아의 도시들 중에서 돌아가면서 선출했던 것 같다.[95] 가장 이름난 관원은 누구나가 동경하는 아시아를 집정하는 관원이었다.

---

92) Ramsay, *The Cities and Bishoprics,* vol. I, p. 58.

93) Robert, "Inscriptions" (1967), p. 48.

94) C. A. Behr, *Aelius Aristides and the Sacred Tales* (Amsterdam: A. M. Hakkert, 1968), p. 65; Jones, *Roman World,* p. 69; G. W. Bowersock, *Augustus and the Greek World* (Oxford: Clarendon Press, 1965), p. 117.

95) W. M. Ramsay, *The Social Basis of Roman Power in Asia Minor* (Amsterdam: A. M. Hakkert, 1967), pp. 13, 34, cites inscriptions from Phocaea and from Acmonia, both before A. D. 129. See Behr, *Aelius Aristides,* p. 63; Lily Ross Taylor, "The Asiarchs," in F. J. Foakes Jackson and Kirsopp Lake, eds., *The Beginnings of Christianity: The Acts of the Apostles;* V. *Additional Notes* (Grand Rapids: Baker, 1966 reprint of 1932 edition), p. 261.

이러한 관원들은 그 도시들의 아주 부유한 자들 중에서 선출되었다. 그들은 대단한 영예를 받게 되고 눈에 띄는 의상을 입었다. 디오 크리소스톰(Dio Chrysostom)은 말하기를:

> 나는 '축복받은 사람들'에 대해 얘기하려 하는데, 이들은 두 대륙 중 하나를 완전하게 대표하면서 여러분의 모든 고관들에게 권위를 행사하는 자들이다(아시아의 지도자). 때문에 이들은 너무도 많은 '은총'을 받게 되는데, 관(冠)과 자주색 의복 그리고 유향을 가진 긴 머리의 남자들을 갖게 된다(XXXV.10).

이들 고관들은 각별하게 황제 가족의 소형 반신상으로 화려하게 장식된 관들을 썼고, 신전청소부란 칭호를 받았다.[96]

그들에게는 위대한 명예만 있었던 것이 아니라 시간과 값비싼 것을 소비할 의무도 있었다. 고관은 그 도시와 지방의 많은 일들 곧 검투사들의 격투와 동물들의 시합을 후원하는 것과 같은 일들을 떠맡아야 했다.[97] 이러한 이유나 또는 고질적인 병 때문에, 엘리우스 아리스티데스(Aelius Aristides)는 계속적인 천거에도 불구하고 자신의 임명을 거부하였다.[98]

에베소의 유대인들

에베소에 있는 유대인들에 관한 얼마 안되는 증거 중에는 그 당시의 유대인들이 그 사회의 공금으로 마련한 아우렐리우스 모우씨오스(M. Aurelius Moussios)의 장례 기념물을 포함한 몇몇의 비명이

---

96) Ramsay, *The Cities and Bishoprics*, vol. I, p. 56; Jones, *Roman World*, p. 69.
97) The people of Smyrna urged the Asiarch Philippos to loose a lion upon Polycarp. When he refused, Polycarp was burned to death.
98) Behr, *Aelius Aristides*, pp. 64-65; Bowersock, *Greek Sophists*, p. 37.

있다.[99]

메이나르두스(Meinardus)는 켈수스(Celsus)의 도서관으로 들어가는 어귀에 새겨진 장식촛대(유대교의 가지가 7~9개 있는 장식촛대-역자주)에 대해서도 언급한다. 장식촛대로 도안된 몇 개의 테라-코타(tera-cotta)램프와 장식촛대와 각적(角笛) 그리고 크리스탈로 된 독특한 유리 하나는 7명이 잠들어 있는 공동묘지에서 발견되었다.[100]

에베소의 그리스도인들

사도 바울

기독교 역사상에서 에베소를 절대 잊혀지지 아니할 도시로 만들었던 사역을 한 위대한 사도가 있었던 그 곳에 지금 추억할 만한 것이 거의 아무것도 없다는 것은 주목할 만하다. 소위 사도 바울의 감옥이라 불려서 여행자들에게 안내되는 곳은, 옛 항구의 진입로 근처 코레소스(Koressos)산 서쪽 끝에 위치해 있는데 이곳은 단지 리씨마쿠스(Lysimachus)가 세운 벽의 일부일 따름이다.[101]

1955년에 이 도시 남쪽 코레소스(Koressos)산에 있는 동굴처럼

---

99) S. Safrai and M. Stern, eds., *The Jewish People in the First Century* (Philadelphia: Fortress Press, 1974), P. 483.

100) Otto F. A. Meinardus, *St. John of Patmos and the Seven Churches of the Apocalypse* (Athens: Lycabettus, 1974), p. 37; idem, "The Christian Remains of the Seven Churches of the Apocalypse," *BA* 37 (1974): 71.

The Grotto of the Seven Sleepers is located at the foot of Mount Pion. It commemorates the legend that seven young princes slept for almost two hundred years to escape the Decian persecutions (250). Theodosius II (408-50) built a church to enshrine the cave, which became one of the most popular sites for pilgrims during the Middle Ages. The site was excavated in 1927-28.

101) Otto F. A. Meinardus, *St. Paul in Ephesus and the Cities of Galatia and Cyprus* (Athens: Lycabettus, 1973), pp. 84-85.

생긴 교회 안에서 벽을 긁어서 그려놓은 그림이 발견되었는데, 이는 바울이 에베소의 성도들을 위해 간절히 빌었다는 증거를 보여주고 있다.[102]

사도 요한

사도 요한의 교회는 이 도시의 유적에서 3마일 떨어진 언덕 위에 있는데, 여기선 아데미 신전터가 내려다보인다.[103] 2세기경에 한 작은 교회가 사도 요한의 묘라고 지적되었다. 이것은 4세기 때 이른바 데오도시안 바실리카(Theodosian basilica, 데오도시안 교회)라 불리는 자들에 의해 다시 안치되었다.

저스티니안(Justinian, 527~565년)은 6세기 때 이 터에다가 '가장 웅장하고 훌륭한 교회'를 세웠다(사진 VII.15 참조). 이 교회는 길이가 120미터 폭이 40미터였고, 6개의 큰 반구형 지붕이 중앙 측랑 위에 그리고 5개의 작은 반구형 지붕이 지붕을 덮고 있었다.[104] 사도 요한의 무덤에 앉은 먼지는 치료에 효능이 있다고 믿어왔기 때문에 이 교회는 중세 때 순례자들에게는 가장 인기가 있는 묘소가 되었다(사진 VII.16 참조).

1927~1929년에 걸친 계속된 발굴에서 사도 요한의 지하 예배실이 발견됐다. 원래 이 교회를 건축하는 데는 35년의 세월이 소요된 것 같고, 현재는 복원 중에 있다.[105]

---

102) D. Boyd, "Ephesus," *IDBS*, p. 270.

103) Akurgal, *Ancient Civilizations,* pp. 144ff.; Meinardus, *St. John of Patmos,* pp. 50, 55-57; idem, "The Christian Remains," p. 73.

104) Keil, *Ephesos,* pp. 36-38.

105) H. Vetters, "Ephesos, 1972," *AS* 23 (1973): 36. See H. Plommer, "St. John's Church, Ephesus," *AS* 12 (1962): 119-30. On traditions about John, see F. F. Bruce, "St. John at Ephesus," *Bulletin of the John Rylands Library* 60 (1977-78): 339-61.

Ⅶ.15 져스틴에 의해 세워진 사도 요한 교회

Ⅶ.16 사도 요한의 무덤

성모 마리아

성모 마리아의 승천같은 근거가 의심스러운 사건들은 B.C. 4세기 때 조작된 것으로 판명되었다. 예루살렘의 시온산 위에 있는 도미션 수도원(Dormition Abbey)은 마리아가 돌아가신 장소로 기념되어 왔으며, 기드론 계곡에 있는 마리아의 무덤에는 그녀의 시체가 안치된 곳이라고 표시되어 있다.[106] 1950년에 피우스(Pius) XII세는 성모의 승천이 카톨릭의 교리였다고 진술하고 있다.

A.D. 4세기 경 이에 상반되는 구전에 의하면, 사도 요한이 마리아를 데리고 에베소에 왔다고 한다(참고, 요 19:27). 그러나 람세이

---

106) Eugene Hoade, *Guide to the Holy Land,* 4th ed. (Jerusalem: Franciscan, 1962), pp. 223-26. The tomb was examined in 1956. The rock slab had been chipped by pilgrims who took away "de petra sepulchri mariae" as relics.

(Ramsay)에 의하면 이 얘기에 관해 의문을 갖고 있는 사람들이 있다고 한다.

    A.D. 375년경 에피파니우스(Epiphanius, 구브로의 감독)는 성경에 마리아의 죽음에 대해 언급한 것이 없기 때문에 그녀가 죽었는지 안 죽었는지, 그리고 또 그녀가 매장이 되었는지 아닌지는 알 수가 없고, 그래서 성경에 비춰볼 때 요한이 소아시아로 갈 때에 마리아를 데리고 갔다는 그 견해는 전혀 권위가 없다고 하였다.[107]

    A.D. 431년 에베소에서 열린 제 3차 종교회의는 성모 마리아를 '하나님의 어머니'(theotokos)라고 칭했고 콘스탄티노플의 네스토리안을 비난했다.[108] 이 회의는 일찍이 일종의 공채 거래소로 사용되었던 길이 800피트의 2중식 건물인 성모 마리아의 교회에서 행해진 것으로 짐작된다(그림 6 #4).[109]

    19세기 초 독일에 사는 한 수녀가 환상 중에 에베소에 있는 집 한 채를 보고선 이 집이 성모 마리아의 집이라고 믿었다. 50년이 지난 후에 서머나(Smyrma) 출신의 한 성직자는 에베소 남쪽의 솔레미소스(Solemissos) 산에서 그녀가 묘사했던 것과 아주 흡사한 집 한 채를 발견했다. 1914년에 교황은 이 집이 순례자들을 위해 사용됐던 신성한 장소라고 공표했다.[110]

---

107) W. M. Ramsay, *Pauline and Other Studies in Early Christian History* (London: Hodder & Stoughton, 1906), p. 144. Chapter 5 deals with "The Worship of the Virgin Mary at Ephesus."

108) Hubert Jedin, *Ecumenical Councils in the Catholic Church* (New York: Herder and Herder, 1960), pp. 28-36.

109) Meinardus, "The Christian Remains," p. 73.

110) Ibid., p. 74; S.Perowne, *The Journeys of St. Paul* (London: Hamlyn, 1973), p. 76.

7. 에베소(EPHESUS) · 147

Ⅶ.17 성모 마리아상

8
밀레도
(MILETUS)

위 치

밀레도의 거대한 이오니아인 도시는 라데(Lade)섬의 반도 (peninsula) 동편에 있는 라트모스(Latmos)만 남쪽 해변에 자리잡고 있다. 이 만의 북쪽 해변에는 메안더(Meander)강의 어구가 있었다. 강의 입구에 너무도 많은 모래가 퇴적되어 결국은 만이 메꿔져버려 이 만의 일부는 바파(Bafa)호수가 되었고, 라데(Lade)섬은 해변에 붙게 되었다(그림 8 참조).

밀레도는 A.D. 4세기경에는 더이상 해변에 위치해 있지 않았다.[1] 이 곳은 한 세기당 거의 600미터의 비율로 커져가서, 현재 밀레도의 유적지는 이 해변에서 약 5마일 떨어진 예니-발라트(Yeni-Balat)에 위치하고 있다.

밀레도에는 한 때 4개의 항구가 있었다. 가장 오래된 것으로는 원형극장(그림 9 #2)이 있는 반도의 서부만이었다. 주요 항구는 좌우

---

[1] Adelaide G. Dunham, *The History of Miletus* (London: University of London Press, 1915), p. 4.

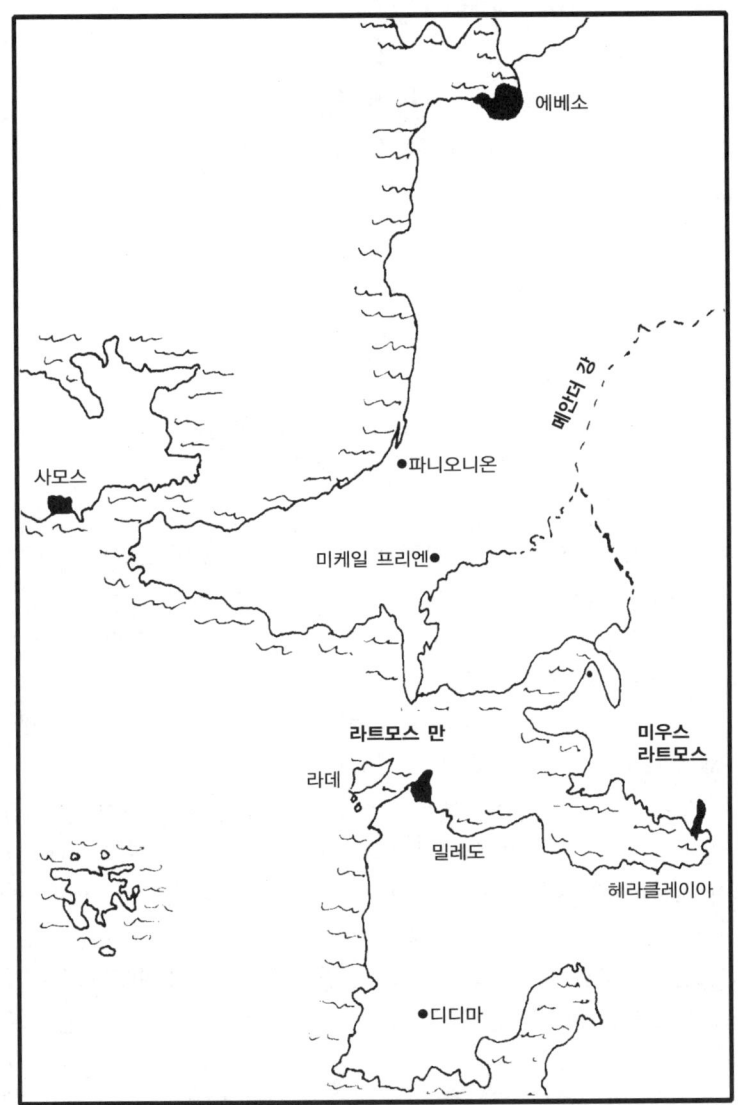

〈그림 8〉 밀레도 주위의 과거

8. 밀레도(MILETUS) · 151

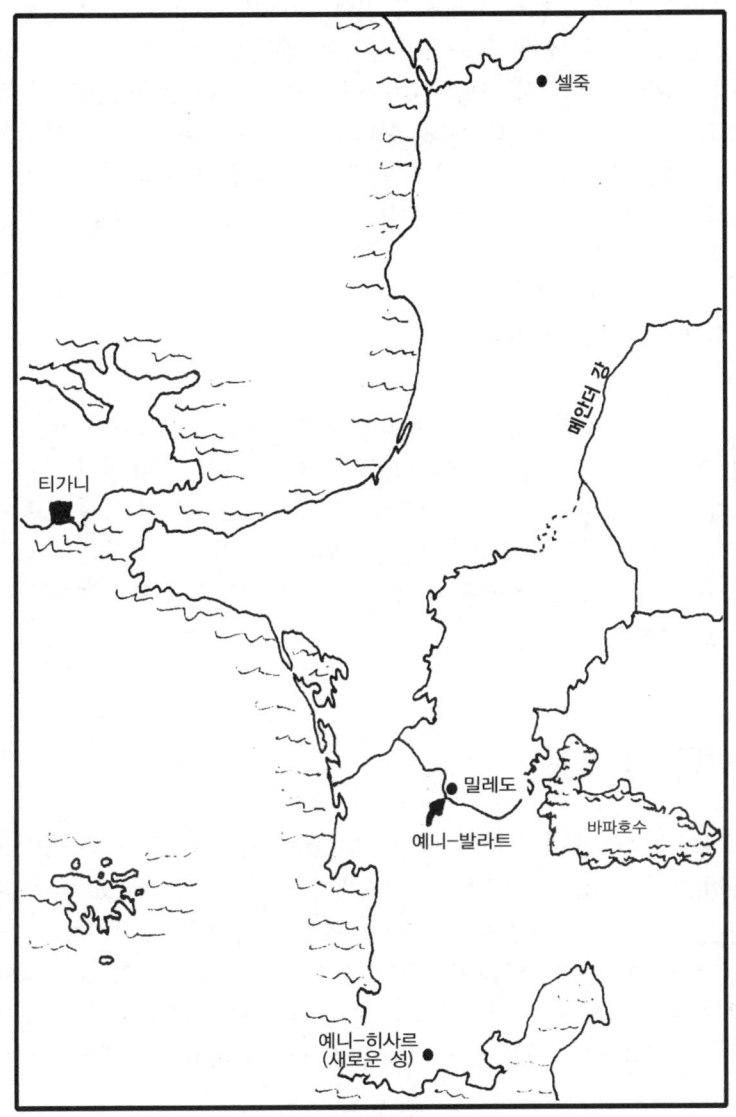

현재 모습

측면에 두 마리의 대리석 사자가 있어서 '사자 항구'로 알려진 곳이며, 아직도 그 곳엔 이 사자들의 손상된 흉상이 남아있다. 이 항구는 사슬로 폐쇄해 버렸다(그림 9 #1). 이 항구의 남부 끝에는 커다란 기념물의 둥근 토대가 서있는데, 아마도 이것은 아우구스투스 황제가 B.C. 31년에 악티움 전투에서 안토니와 클레오파트라에게 승리한 사실을 기념하고자 세워놓은 것 같다.

신약 성경의 언급

바울이 그의 제 3차 선교 여행을 마치고 예루살렘으로 돌아올 당시, 에베소를 거쳐 밀레도에 있는 항구에 정박했음은 의심의 여지가 없다. 그 때 그는 밀레도에서 에베소의 장로들을 만나게 해달라고 요청했다(행 20:17, 딤후 4:20). 빈약하나마 이러한 언급들은 그리스 역사에서 핵심적인 역할을 했던 이 도시의 중요성을 조금은 드러내 주고 있다.

역사적 배경

아테나(Athena) 신전이 있던 지역에서 발견된 고고학적 증거를 통해(그림 9 #12), 우리는 B.C. 13세기경에 미노아인들(Minoan)의 식민지가 미케네인들(Mycenaeans)에게 찬탈되었음을 안다.[2] 트로이 전쟁시에 쓴 힛타이트(Hittite) 문헌들에는 밀레도(*Milawanda*)에 있는 아카이아 사람(*Ahhiyawa*; 그리스 사람)에 대한 언급이 있다.[3] 그러나 『일리아드』(*Iliad*, II.868-69)에 의하면 밀레도의 카리

---

2) Gerhard Kleiner, *Alt-Milet* (Wiesbaden: F. Steiner, 1966).

안스(Carians)들은 트로이에서 그리스 사람들과 맞서 싸웠다고 한다.

B.C. 12세기에 도리아인들이 그리스의 미케네인들(Mycenaean)을 정복했을 때, 한 무리의 피난민들은 소아시아 지역의 서쪽 해안, 주로 이오니아 지역에 정착했다. 플리니(Pliny)의 말에 따르면 고체(古體)시대 동안(B.C. 8~6세기) 밀레도는 흑해 지역을 식민지화한 최초의 개척국이었으며, 이곳에서 90개의 도시가 건설되었다고 한다. 밀레도의 지성인들은 지리학자이자 역사가인 헤케테우스(Hecataeus)와 철학자 탈레스(Thales), 아낙시만더(Anaximander), 아낙시메네스(Anaximenes)가 있는데 이들은 B.C. 6세기의 문예부흥으로 그리스 세계를 이끌었다. 반면, 헨리 메쯔거(Henri Metzger)는 발굴을 통해 볼 때, 밀레도의 최고의 영광시대는 그리 화려하지는 않았다고 설명하고 있다:

> 이미 살펴보았듯이 밀레도의 고고학은 역설적이게도 대부분의 발전이 아주 오래된 시대 중에 이룩된 것으로 6세기와 7세기 중의 이 도시에 대한 상황은 전혀 알 수가 없으며, 역사적, 문학적 출처를 통해서 단지 그 중요성이 입증될 따름이다.[4]

다른 이오니아인의 도시와 더불어 밀레도도 고레스(Cyrus)가 리디아(Lydia) 왕국을 정복하자마자 페르시아의 통치를 받게 되었다. 밀레도의 전제군주들인 히스티아유스(Histiaeus)와 아리스타고라스(Aristagoras)는 B.C. 499년에 페르시아인들에게 대항해 이오니안 혁명을 선동했다. 페르시아인들은 밀레도와 디디마(Didyma, 헤로도투스 VI.20)에 있는 지성소에 엄청난 보복을 한 뒤, 494년 마침내

---

3) D. L. Page, *History and the Homeric Iliad* (Berkeley: University of California Press, 1959), p. 281; George L. Huxley, *Achaeans and Hittites* (Belfast: Queen's University Press, 1960).

4) Henri Metzger, *Anatolia* II (London: Cresset, 1969), p. 103.

그리스인들의 라데(Lade)해안을 격파했다. 페르시아의 멸망에 관한 증거들이 최근에 델피니온(Delphinion, 그림 9 #3) 근처에서 나타났다.[5] 479년에 아테네인들과 스파르타인들이 이오니아인들을 페르시아인들에게서 해방시켜 주려고 미케일(Mycale, 그림 8)에 상륙했는데, 소문에 의하면 그리스의 플라테(Plataea)전쟁 날짜와 같은 날짜라고 한다.

이 파손된 도시는 유명한 밀레도 출신의 도시계획가인 힙포다무스(Hippodamus)가 설계한 화형용 포락(gridiron) 위에 다시 세워졌다.[6] 점차적으로 모래가 퇴적되자 밀레도의 중요성이 헬라시대에는 감소되었다.

로마시대 초기에 밀레도는 티베리우스의 신전을 세우는 명예를 얻고자 경쟁했었다; 이것은 서머나의 지지로 통과되었다. 버뮬레(C.C. Vermeule)는 밀레도에서 경탄할 만한 쥴리오 클라우디안(Julio-Claudian)의 기념물 몇 점이 나왔다고 말한다. 우리에게는 클라우디우스(Claudius)가 디오니수스(Dionysus)의 동료들로부터 받은 책, 아우구스투스의 명예를 기린 비명(碑銘), 그리고 칼리굴라(Caligula)가 자신을 숭배하도록 세운 신전에서 나온 비명 등이 있다.[7]

2세기 때 밀레도는 수많은 제국들의 기부금을 받는 수익국(受益國)이 되었다. 트라얀(Trajan)은 운하와 수로의 사용료를 지불했으며, 무엇보다도 성스러운 길을 건설하기 위한 돈을 지불했다. 하드리

---

5) M. J. Mellink, "Archaeology in Asia Minor," *AJA* 78 (1974): 123. The fact that Miletus provided eighty triremes for the battle of Lade indicates that the city's population at this time was about one hundred thousand.

6) James McCredie, "Hippodamos of Miletos," in *Studies Presented to George M. A. Hanfmann,* ed. D. G. Mitten, J. G. Pedley, and J. A. Scott (Mainz: P. von Zabern, 1972), pp. 95-100.

7) C. C. Vermeule, *Roman Imperial Art in Greece and Asia Minor* (Cambridge: Harvard University Press, 1968), pp. 219, 463.

안에게 헌납했던 제단 세 개가 발굴되었다. 마르쿠스 아우렐리우스(Marcus Aurelius)의 아내 파우스티나(Faustina)는 자신을 위한 호화로운 목욕탕이 만들어지는 영예를 얻었다. 마르크스 아우렐리우스가 쓴 2개 국어로 쓰인 편지 하나가 1971년, 밀레도 근교의 성스러운 길에서 발견되었다.

발 굴

데오도르 웨간드(Theodor Wiegand)의 지도로 독일 학자들은 1899년부터 1914년까지 밀레도를 조사했다. 더욱더 많은 작업이 1938~39년에 이루어졌으며, 1955년부터는 칼 와익컬트(Carl Weickert), 루돌프 나우만(Rudolf Naumann) 및 클레이너(G. Kleiner)가 수행했다.[8] 1955년에 지진이 일어나 예니 발라트(Yeni-Balat, 터어키 지명) 마을이 파괴됨에 따라 독일인들은 더욱 광대한 지역을 조사하게 되었다.[9] 새 박물관이 유적지 근처에 세워졌다.[10]

시장들

밀레도에는 상업 집회장(agora)이거나 시장(market)이 세군데

---

8) M. J. Mellink, "Archaeology in Asia Minor," *AJA* 76 (1972): 182; P. Herrmann, "Eine Kaiserkunde der Zeit Marc Aurels aus Milet," *IM* 25 (1975): 149-66.

9) J. P. Lewis, "Following Paul with Hertz," *Restoration Quarterly* 15 (1972): 132.

10) For the more recent references to the excavations, see W. Real, "Bibliographie der bisherigen Forschungen über Milet, Stand 1974," *IM* 25 (1975): 259-66.

156 · 잊혀진 땅 소아시아

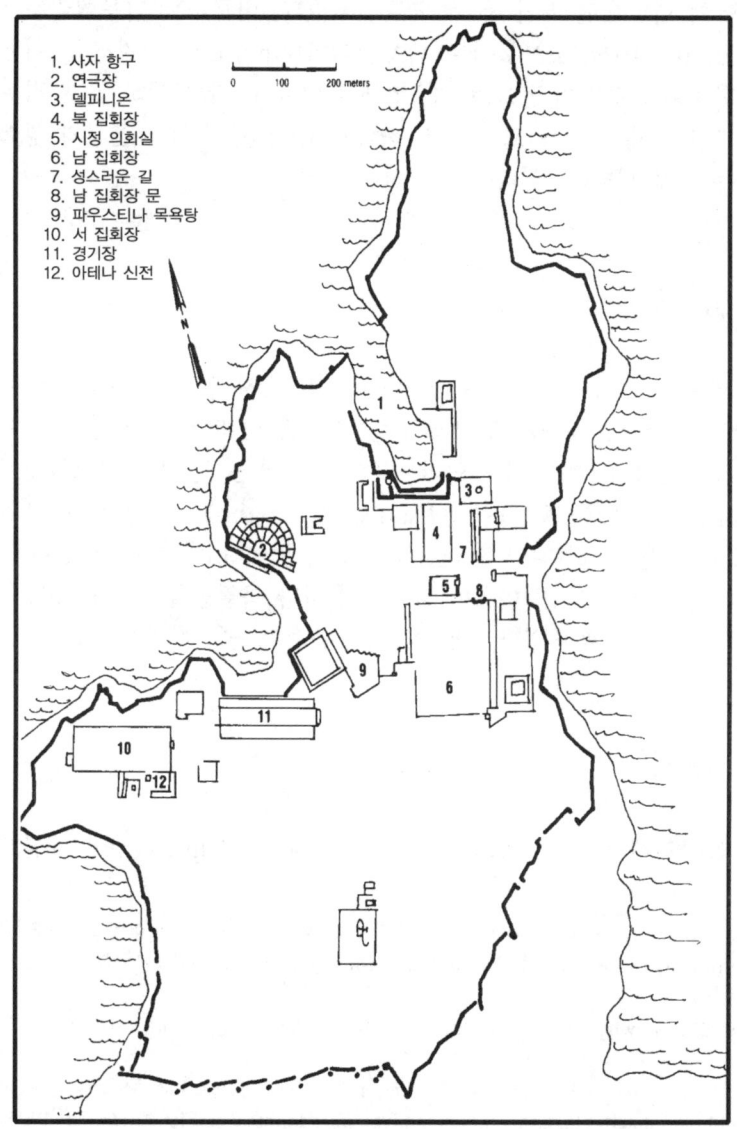

1. 사자 항구
2. 연극장
3. 델피니온
4. 북 집회장
5. 시정 의회실
6. 남 집회장
7. 성스러운 길
8. 남 집회장 문
9. 파우스티나 목욕탕
10. 서 집회장
11. 경기장
12. 아테나 신전

〈그림 9〉 밀레도의 계획

있었다: (1) 가장 오래된 시장은 북쪽에 있는 집회터이며(그림 9 #4), 길이 160미터(525피트)의 스토아(柱廊)가 있다. 이 곳에는 30개의 상점이 있는데 헬라시대에 세워진 것들이다.[11] (2) 서쪽에 있는 집회장(#10)은 헬라시대 말엽에 만들어졌다. (3) 가장 큰 시장은 남쪽에 있는 집회장으로(#6) 가장 커다란 그리스의 시장이었는데, 164~196미터로 측정이 되는 8에이커의 넓은 면적이다. 이것의 동쪽 홀은 '경기장 상점'으로 알려져 있는데 길이가 한 상점당 200미터나 되었기 때문이다. B.C. 3세기 때 안티오쿠스(Antiochus) 치하에 세워진 이 시장은 세 쌍의 방으로 된 78개의 스토아가 있다.[12] 2층의 북문은(#8) B.C. 165년에 건축되었다가 베를린에 있는 박물관에 진열시키고자 다시 만들어졌다.

밀레도인들은 그들의 가구와 카페트 및 모(毛)로 만든 옷 때문에 유명해졌다. 최근에 출간된 A.D. 3세기의 가격 목록을 보면, 이중 염색한 밀레도인의 자주빛 모직은 파운드 당 일만 내지 만이천 데나리(denarri)나 되는 고가품이었다.[13]

의회실

북쪽 시장과 남쪽 시장 사이의 입법회의장(bouleutērion) 또는 의회실이라 이름하는 것(그림 9, #5)은 밀레도에서 가장 중요한 건물 중 하나이다.[14] 비명(碑銘)에는 이것이 안티오쿠스(Antiochus IV,

---

11) E. Akurgal, *Ancient Civilizations and Ruins of Turkey*, 2nd ed. (Istanbul: Mobil Oil Türk A. S., 1970), p. 215.

12) G. M. A. Hanfmann, *From Croesus to Constantine* (Ann Arbor: University of Michigan Press, 1975), p. 215.

13) P. Herrmann, "Milesischer Purpur," *IM* 25 (1975): 141-47.

14) Gerhard Kleiner, *Die Ruinen von Milet* (Berlin: W. de Gruyter, 1968), pp. 77-88.

Ⅷ.1 바울이 마지막 고별 설교한 밀레도 원형극장

Ⅷ.1-1 밀레도 원형극장
바울이 이 지역에서 에베소 장로들을 모아 놓고 고별설교를 했을 것이라고 추측한다.(행 20장)

B.C. 175~64년)가 세운 것이라고 밝히고 있다. 위철리(R.E. Wycherley)의 관찰에 의하면, "밀레도의 의회관은 가장 위엄있는 건물의 하나로 방의 크기에 비춰볼 때, 건축에 있어서 최고의 자랑거리가 되고 있다"고 한다.[15]

의회실은 기념문 가까이에 근접해 있으며 주랑이 있는 커다란 법정으로 통하게 되어 있다. 이 강당은 가로, 세로가 각각 23, 35미터이고, 1,500명을 수용할 수 있는 좌석이 구비된 반원형의 구조로 되어 있다(사진VIII.1). 이 터에서 발굴된 30개의 비명들은 B.C. 2세기부터 A.D. 3세기까지의 것으로 추정된다.[16]

목욕탕과 님프에움

북쪽 집회장의 동편에는 아시아의 지방 총독인 베르길리우스 카피토(Cn. Vergilius Capito)가 세운 훌륭한 목욕탕 몇 개가 있다. 남쪽 집회장의 서편에 있는 파우스티나의 커다란 목욕탕은 수영장이 구비되어 있다(#9).[17]

님프에움(Nymphaeum, 님프에움이란 그리스 여신으로서 반신반인[半神半人]의 아름다운 처녀이다. 바로 이곳은 창녀촌과 같은 곳이다-역주)은 남쪽 집회장의 북편 모퉁이 끝에 놓인 3층의 분수탑 집이었다. 정성이 깃든 이 건축물은 트라얀 황제가 세운 것으로 1층은

---

15) R. E. Wycherley, *How the Greeks Built Cities* (London: Macmillan, 1962), p. 132.

16) K. Tuchelt, "Bouleuterion und Ara Augusti," *IM* 25 (1975): 91-113.

17) Kleiner, *Die Ruinen,* pp. 104-05; G. Kleiner, *Das römische Milet* (Wiesbaden: F. Steiner, 1970), pp. 16-19. There was a similar swimming pool in the gymnasium at Sardis. See G. M. A. Hanfmann, "The Sixteenth Campaign at Sardis (1973)," *Bulletin of the American Schools of Oriental Research* 215 (1974): 46, 50-51.

아직도 손상되지 않은 채로 있다.[18]

체육관과 경기장

카피토(Capito) 목욕탕 남쪽에는 버가모왕인 유메네스 II세(Eumenes II)가 기증한 커다란 체육관(gymnasium)이 있다. 이곳엔 기념문과 체육학교 그리고 강의와 연구를 할 수 있는 5개의 방이 갖춰져 있다.[19] 파우스티나 목욕탕의 서편에는 약 79평방 미터의 거대한 체육학교(palaestra)가 있었다.

극장 항구(Theater Harbor)의 남쪽에 있는 커다란 경기장(그림 9 #11)은 유메네스 II세의 선물이었다. 이것이 길이가 191미터, 넓이가 29.5미터이다. 특이한 이 경기장은 주변이 막혀있지 않아서 15,000명의 관객을 수용할 수 있다.

연극장

이 연극장은(그림 9, #2) 극장 항구가 내려다 보이는 30미터 높이의 언덕 위에 놓여 있었는데, B.C. 4세기 때 처음 세워지기 시작했다. 전면이 140미터나 되는 이 거대한 연극장은 15,000명을 수용할 수 있다. 황제의 금란(金欄)을 한 4개의 기둥 중 두 개는 A.D. 164년, 파우스티나의 방문을 위해 세워진 것이며, 아직도 그 흔적을 볼 수 있다(사진VIII.2).[20]

---

18) Kleiner, *Die Ruinen*, pp. 116-17.
19) Ibid., p. 89.
20) Ibid., pp. 68-76; Kleiner, *Das römische Milet*, p. 20; Akurgal, *Ancient Civilizations*, p. 207; Daria de Bernardi Ferrero, *Teatri Classici in Asia Minore* III

VIII.2 연극장

　클라디우스 황제가 A.D. 48년에 썼다고 하는 밀레도의 비명에는, 배우들이 그들의 권리와 특권을 보유할 뿐 아니라 더욱 늘려줄 것을 승인하는 '디오니수스(Dionysus)에게 헌신한 성스러운 승리자들과 수행자들에게'라는 글이 있다.[21] 콤모두스(Commodus) 치하의 또다른 비명은 디디마(Didyma)의 경연에서 우승한 수금 연주자를 기념하고 있다.[22]

(Rome: "L'Erma" di Bretschneider, 1970), pp. 86-95.
　21) Fergus Millar, *The Emperor in the Roman World* (London: Duckworth, 1977), p. 459.
　22) T. Pekáry, "Inschriftenfunde aus Milet 1959," *IM* 15 (1965): 121-23.

유대인과 회당

요세푸스(Antiquities XIV.244~46)에 의하면, B.C. 1세기초 경의 로마인들은 밀레도에 사는 유대인들에게 안식일을 지킬 수 있도록 그들의 권리를 인정해주고, 또한 "그들의 다른 의식들을 그들의 신앙규례에 따라 행하도록 해주었다."

이 연극장의 제 5열에는 주목할만한 비명 하나가 있는데, 아돌프 다이스만(Adolf Deissmann)은 풀이하여, '경외로운 하나님이라 일컫는 유대인들의 장소'라 하는 글씨(τόπος Εἰουδέων τῶν καὶ θεοσεβίον)가 있다.[23] 즉 그는 유대인들에 관해 언급할 때 통칭인 데오세비온(theosebion)을 설명했다. 그러나 이것은 사도행전 13:43 ;17:4,17에 등장하는 신약성경 상의 단어 세보메노스(Sebomenos)와 관련이 있는 것으로, 예를 들면 유대교로 개종하는 이방인을 말한다(비교: 행 13:16,26에 나오는 포보우메노스[Phoboumenos]). 홈멜(H. Hommel)은 그 비명에서 언급하고 있는 것이 온전한 유대인도 아니고 유대인이면서 개종자를 말하는 것도 아니며, 단지 다른 이방인들에게 '유대인'으로 알려진 개종자들을 말한다고 했다.[24]

최근에 터어키 남서부의 아프로디시아스(Ahprodisias)에서는 긴 비문이 하나 발견되었는데 "지방 유대회당의 구성원 목록과 이들과 같이 있는 데오세베이스(theosebeis)라고 기술된 집단의 이름들…"이 있었다.[25] 이 책엔 또한 직공, 구리세공인, 금세공인 및 소세지 만드는 사람들로 구성된 회당(유대)의 회원들에 관해 언급되어 있다.

(Rome: "L'Erma" di Bretschneider, 1970), pp. 86-95.

23) Adolf Deissmann, *Light from the Ancient East* (Grand Rapids: Baker, 1965 reprint of the 1922 edition), p. 451.

24) H. Hommel, "Juden und Christen im kaiserzeitlichen Milet; Überlegungen zur Theaterinschrift," *IM* 25 (1975): 167-95.

25) M. J. Mellink, "Archaeology in Asia Minor," *AJA* 81 (1977): 306.

사자 항구 남서쪽 모퉁이 바로 옆에는 측면이 두 개의 통로를 갖춘 본당이 있는 바실리카식 유대회당이 하나 있다. 이것은 갈릴리에 있는 유대회당과 동일시대인 로마시대 말기의 것이다.[26]

신전들

밀레도에 있는 가장 오래된 신전은 아테나(Ahtena) 신전(그림 9 #12)이다. 고고학자들은 B.C. 7세기의 대체적인 건축형태를 밝혀냈는데 이것은 단열식 기둥을 취한 메가론(megaron)과 같은 모양이다. 이 신전이 페르시아인들에 의해 파괴되고, 고전적인 그리스식 스타일의 새 신전이 세워졌다.

후기의 신전들 중 하나는 세라피스(Serapis)에게 헌납되었고 남쪽의 집회장 서편에 위치해 있다. 아우렐리안(Aurelian)의 비명에 보면 날짜는 A.D. 3세기를 가리키고 있다.[27]

가장 중요한 성소는 사자 항구 남서쪽 모퉁이 근처의 아폴로 델피니오스(Apollo Delphinios)를 신성하게 모시기 위한 델피니온(Delphinion, #3)이었다. 아폴로는 바닷 사람들의 수호자이자 안내자의 역할을 해준 돌고래(delphis)와 친밀한 관계를 가졌다고 한다. 본래의 테메노스(temenos)는 고체(古體)시대 때 세워졌다. 헬레니즘 시대까지는 50~60미터의 면적을 차지했었다. 중앙제단과 함께 이곳에는 적어도 4개의 단순한 제단이 있었다. 두 개의 반구형 엑세드레(exedrae)는 동상들을 진열하는데 이용되었고, 한 개의 원형 구조물은 아마도 이 도시를 만든 사람들을 모시기 위한 묘소나 비석

---

26) Kleiner, *Die Ruinen*, p. 48.
27) Ibid., p. 33; R. Salditt-Trappman, *Tempel der ägyptischen Götter in Griechenland und an der Westküste Kleinasiens* (Leiden: E. J. Brill, 1970), ch. 3.

(heroon)의 역할을 했다.[28]

밀레도로 통하는 성스러운 길

델피니온의 남쪽을 따라가면 성스러운 길(the Sacred Way)이 나타난다. 이 길은 디디마(그림 8)에 있는 신비스러운 아폴로의 지성소까지 12마일이나 뻗쳐 있다.

도시 자체 내에서 시작되는 성스러운 길은 길이가 100미터 폭이 28미터이고 거의 6미터 넓이로 포장되어 있다. 성스러운 길 동쪽에는(그림 9 #7) 클라우디우스의 친구인 카피토(Capito)가 헌납한 이오니아식 주랑이 하나 있다. 이것의 일곱 계단은 구경꾼들이 봄맞이 행렬을 볼 때 사용되었다. 발굴가들은 최근에도 이 지역에서 발굴 작업을 계속 해오고 있다.[29]

---

28) Akurgal, *Ancient Civilizations,* pp. 210-11.
29) Ibid., p. 215; M. J. Mellink, "Archaeology in Asia Minor," *AJA* 76 (1972): 182; idem, *AJA* 82 (1978): 326; W. Real, V. Rödel, and M. Ueblacker, "Milet 1972," *IM* 23-24 (1973-74): 117, 125-28.

9
디디마
(Didyma)

디디마에 이르는 성스러운 길

트라얀 황제는 밀레도에서 디디마(Didyma)에 이르는 10마일이 넘는 성스러운 길(Sacred Way)을 다시 포장하는 책임을 맡았다. 트라얀의 비명 하나에는 "아폴로에 대한 성스러운 의례에 필요한 그 길에다 관심을 돌려서, 그는 언덕을 깎아 내리고 계곡을 메웠으며, 지방 총독인 퀸투스 율리우스 발부스(Quintus Iulius Balbus)가 책임을 떠맡아 완성을 시킨 뒤 헌납했다"고 나타나 있다.[1]

디디마에 도착하기 바로 직전까지 이르는 성스러운 길에는 그 지성소를 운영하던 사제와 여사제들인 브렌치데(Branchidae)의 신상들이 줄지어 있었다(이 터가 때때로 브렌치데로 불렸었다). 이 신상들 중 몇 점은 1858년에 뉴톤(C.T. Newton)이 대영 박물관으로 이전시켰다.[2] 현대의 예니 히사르(Yeni Hisar, 일명: 새로운 성[城])

---

1) Cited in G. M. A. Hanfmann, *From Croesus to Constantine* (Ann Arbor: University of Michigan Press, 1975), pp. 47-48.
2) R. Naumann, *Didyma Führer* (Istanbul: Türkiye Turing ve Otomobil Kurum, n. d.), p. 9.

마을 근처에 있는 이 도로의 몇몇 부분은 1972년에 밝혀진 것으로 오늘날은 파괴된 채로 남아 있다. 이 도로는 클라우스 투켈트(Klaus Tuchelt) 지배시에는 거의 100미터에 달했었고, 넓이도 5~7미터로 밝혀졌다. 최초의 포장 시기는 B.C. 7~6세기경으로 네번째는 트라얀 황제가 포장했던 것 같다.[3]

역사적 배경

디디마에 있는 아폴로의 신전은 서쪽에 있는 델피(Delphi)의 역할에 필적하는 중요한 역할을 동쪽에서 담당했다. 이것은 이미 B.C. 8세기에 세워졌으며, 헤로도투스(Herodotus)의 기록에 의하면 이 봉헌은 이집트왕 느고(Necho, [II.159])와 크로에수스(Croesus,[I.92])가 모두 이 지성소에 보냈던 것이라고 한다.

B.C. 6세기에 세워진 고대 신전은 B.C. 494년에 페르시아인들이 이오니아인들의 혁명을 제압하고자 파괴했다. 1962년에 이 파괴에 관한 증거가 최초로 발견되었다.[4] 페르시아인들은 브렌치데(Branchidae)를 그들 제국의 동편으로 몰아내고, 엑바타나(Ecbatana)로 아폴로(Apollo)신상을 옮겨버렸다.

알렉산더 대왕이 이오니아(Ionia)를 해방시킨 후, 밀레도는 디디마에다 이 신전을 재건하기 시작했다. 호의로운 이 신전은 이수스(Issus)에서의 알렉산더왕의 승리를 예언했다.[5] 실물크기의 알렉산

---

3) M. J. Mellink, "Archaeology in Asia Minor," *AJA* 80 (1976): 278-79; idem, *AJA* 82 (1978): 325.

4) R. Naumann, "Didyma," *AS* 13 (1963): 24.

5) Robert Flacelière, *Greek Oracles* (New York: W. W. Norton, 1965), pp. 30-31; W. Günther, *Das Orakel von Didyma in hellenistischer Zeit* (Tübingen: E. Wasmuth, 1971).

IX.1. 아폴로 신전

더의 두상이 최근 디디마에서 발굴되었다.[6] 셀루쿠스 I세(Seleucus I) 니카토(Nicator)는 B.C. 300년경의 제식신상을 발굴해냈다.

에베소에 있는 아데미 신전을 지었던 건축가 한 명이 디디마의 헬레니스틱 신전을 설계했다. 아데미 신전의 흔적은 하나도 남아있지 않지만, 디디마에 있는 신전의 유적들은 아주 잘 보존되어 있어 아데미신전의 모습을 보는 듯한 커다란 감명을 자아낸다.

로마시대 때 칼리굴라(Caligula)는 이 신전을 완성시키고자 애썼다. 트라얀 황제와 하드리안(Hadrian) 황제는 둘 다 이 제단의 영예로운 사제장이 되었다. 배교자 쥴리안(Julian)도 이 건물을 짓는데 기여했지만 결국은 당대에 완공하지 못했다.

---

6) Mellink, "Archaeology in Asia Minor," *AJA* 80 (1976): 279.

비록 이 신전이 262년 고드족(Goths)에 의해 파괴되긴 했어도 계속해서 기능을 수행했다. 이것은 디오클레티안(Diocletian)이 기독교인들에 대한 그의 박해를 계속하도록 조언했다. 그러나 4세기경 이교도의 신앙은 기독교도들과의 싸움에서 지기 시작했다. 쥴리안(Julian)은 이 지성소 내부에 있던 기독교인의 예배당을 제거했다. 5세기에 교회(basilica)가 이 자리에 세워졌다. 15세기에 디디마는 불에 타 파괴되고 지진으로 전멸되었다.

발굴

18세기와 19세기에 이 지역을 여행한 사람들은 이 터의 그림들을 그려 유럽으로 가져갔다. 몇몇의 발굴들이 프랑스인 라엣(O.Rayet)과 토마스(A. Thomas)에 의해 1872~73년에 걸쳐 행해졌으며, 하우솔리에르(B. Hausoullier)와 폰트레몰리(E. Pontremoli)도 1895~96년에 발굴을 했다. 독일인들은 웨간드(T. Wiegand), 카베라우(G. Kawerau)와 크낙크푸스(H. Knackfuss)의 지휘 아래 1905년부터 1913년까지 고된 이 작업을 하였다. 프러시아의 왕립박물관에 근무하는 웨간드(Wiegand)는 세계 제 1차 대전 후, 다시 가서 그가 1937년에 죽기까지 이 발굴을 계속했다. 1962년부터 이스탄불에 있는 독일 고고학 연구소(Deutsche Archäologische)는 클라우스 투켈트(Klaus Tuchelt)의 지도하에 디디마에서 새로운 활동을 했다.

고체(古體)의 지성소

파우사니아스(Pausanias)의 말에 따르면 이 신전은 이오니아인들이 그리스에서 서부 소아시아로 이주할 당시 처음으로 세워졌다고 한다. 최초의 테메노스(temenos)는 8세기 말엽에 건축되었고, 신성한 우물과 원형의 제단, 그리고 아폴로의 월계수로 둘러싸여 있다.

고체(archaic)의 디디마이온(Didymaion) 또는 신전의 건물은 B.C. 550년에 세워져 나이스코스(naiskos)나 사당으로 에워싸여 있다(사진 IX.1 참조). 이 신전은 112개의 기둥이 있고 가로, 세로가 각각 85, 38미터인 거대한 건물이다. 이 신전이 바로 494년 페르시아인들이 파괴시킨 건물이다.[7]

헬레니스틱 신전

파이오니오스(Paionios)가 설계한 새로운 헬레니스틱 성소는 에베소의 아데미 신전과 사모스(Samon)의 헤라(Hera)의 신전 이후 헬레니즘시대에 세번째로 큰 신전이었다. 앞서 있던 것들과 마찬가지로 지붕이 없는 헬레니스틱 디디마이온(Didymaion)은 작은 지붕이 얹힌 나이스코스(naiskos)로 둘러싸여 있다.[8] 현관과 개방된 지하실 사이에는 체레스모그레페이온(chrēsmographeion) 또는 성소가 있었고 측면에는 두 개의 경사로가 있다(사진 IX.2 참조).

후기의 디디마이온(Didymaion)은 전기의 것보다 어느 정도 큰 것으로 122개의 이오니아식 기둥이 있고, 가로, 세로가 각각 109, 51미터였다. 높이가 19.7미터나 되는 기둥들 중 두 개는 건물의 일

---

7) E. Akurgal, *Ancient Civilizations and Ruins of Turkey*, 2nd ed. (Istanbul: Mobil Oil Türk A. S., 1970), pp. 224-25.

8) Late Roman coins of Gordian I depict the *naiskos*. See M. J. Price and B. L. Trell, *Coins and Their Cities* (Detroit: Wayne State University Press, 1977), pp. 134-35; W. Voigtländer, "Quellhaus und Naiskos im Didymaion nach den Perserkriegen," *IM* 22 (1972): 93-107.

170 · 잊혀진 땅 소아시아

IX. 2 체레스모그레페이온   IX.3 19.7미터 이오니아식 기둥이 보인다.

부분을 지탱해주면서 북쪽에 세워져 있었고, 세번째 기둥은 남쪽면에 서있다(사진 IX.3 참조). 또다른 기둥은 쓰러져 버릴 듯이 원추형 구조물 옆에 놓여있다.

오랜 자료들에 의하면 디디마이온(Didymaion)의 내부는 조각과 그림으로 장식되어 있었다고 한다. 이 터에는 장식띠 모양으로 조각된 메두사의 머리와 눈부시게 조각이 된 대리석 사자가 진열되어 있다. 몇몇 기둥들의 밑둥도 아데미신전의 것과 마찬가지로 조각이 되어 있다(사진 IX.4 참조). 이 정교한 장식들이 모두 다 훌륭하다고 평가 받지는 못하고 있다. 예로, 헨리 메쯔거(Henri Metzger)는 다음과 같이 언급하고 있다;

> 사치스러운 장식-4선형의 장식이 되어 있는 데다가 여러 신들의 머리가 주추와 기둥머리 역할을 해, 조각이 되어 있는 기둥들은 우리들로 하여금 온건한 옛 형태를 그리워 하도록 한다.[9]

---

9) Henri Metzger, *Anatolia II* (London: Cresset, 1969), p. 186.

9. 디디마(DIDYMA) · 171

IX.4 신전 기둥의 밑부분

IX.5 신전 기둥들의 윗 장식

경기장

B.C. 3세기에 델피(Delphi)에는 피티안(Pythian) 경기와 같은 명

예로운 아폴로 운동경기가 있었다. 신전의 남쪽에는 7열의 좌석이 구비된 경기장이 있었다. B.C. 17/16년으로 날짜가 기록된 원문이 발표되었는데 여기에는 체전 축제 때 아폴로와 제우스에게 바칠 희생 황소를 제공했던 보고스(Boegos) 또는 성직자를 칭송하는 내용이 나타나 있다.[10]

---

10) J. Fontenrose, "The Festival Called Boegia at Didyma," *University of California Studies in Classical Philology* 1 (1944): 291-303; cf. idem, "Zeus Didymaeus," *Transactions of the American Philological Association* 63 (1932): 245-55.

10
라오디게아
(LAODICEA)

위 치

라오디게아는 밀레도의 해안으로 흐르는 메안더(Meander)강의 지류인 리커스(Lycus) 강의 기름진 계곡에 위치해 있었다(그림 2). 이곳은 프리지아(Phrygia; 옛 소아시아에 있었던 나라) 내부를 관통하는 남쪽의 큰 도로에 걸쳐 있어, 이 영토의 남서쪽에 위치하고 있다. 서쪽 문에서부터 시작된 길들은 에베소로 이어지고, 북쪽 문에서부터 시작된 길들은 히에라폴리스로, 동쪽 문에서부터 시작된 길들은 시리아로 이어진다(그림 11).

라오디게아는 리커스(Lycus) 강의 남쪽 고원에 위치했었다. 오늘날 에스키 히사르(Eski Hisar, 옛 성이란 뜻)의 마을은 거의 폐허가 되었고, 그곳에서 5마일 떨어진 곳에 현재의 도시 데니즐리(Denizli)가 있다.

신약성경의 언급

라오디게아(골 2:1, 4:13,15,16)는 동쪽으로 10마일 떨어져 있는

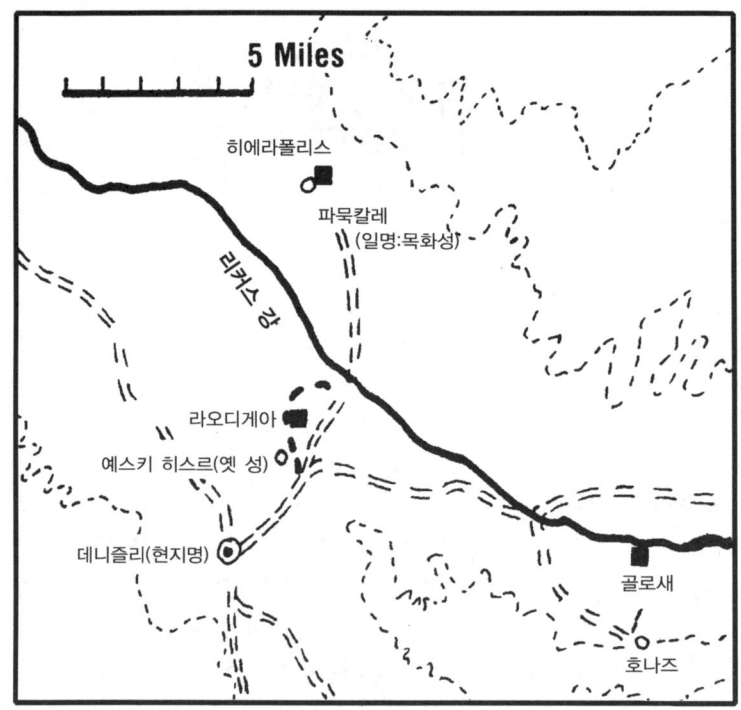

그림 10 데니즐리 주위 지도

골로새와, 북쪽으로 6마일 떨어져 있는 히에라폴리스와 교류했었다.[1] 라오디게아는 요한계시록의 일곱교회 중에 가장 잘 알려진 교회였다(계 1:11; 3:14).

---

1) See S. E. Johnson, "Laodicea and Its Neighbors," *BA* 13 (1950): 1-18. I have profited greatly from a paper prepared for a graduate seminar by John M. Lawrence.

역사적 배경

프리지아(Phrygia)에 있는 라오디게아는 8개의 다른 라오디게아와 구별하기 위해 '라오디게아 리쿰(Laodicea ad Lycum)'이라고 불렸다. 이 도시는 맨처음에 디오스폴리스(Diospolis)라 불리었고 나중에는 로아스(Rhoas)라고 불렸다. B.C. 261년과 B.C. 253년 사이에 안티오쿠스(Antiochus) Ⅱ세는 이 도시를 그의 아내 라오디케(Laodice)[2]의 이름을 따서 재건했다. 이 도시는 역사상 B.C. 220년에 처음 나타나는데, B.C. 188년 아파메아(Apamea)시대의 평화가 있은지 약 30년 후, 버가모(Pergamene)의 통치를 받게 되었다.

키케로(Cicero)의 연설 가운데 통치자 플라쿠스(Flaccus)를 옹호한 적이 있었는데, 이 플라쿠스는 라오디게아에 있는 유대인들을 예루살렘에 보내준 대가로 20파운드의 금을 그들로부터 받아 낸 사람이었다. 이 금의 양은 은 일만오천 드라크마에 해당되는 양으로 7,500명의 성인 유대 자유민이[3] 낸 허물의 액수였다고 람세이(W.M. Ramsay)는 추정했다.

플라쿠스를 변호한지 약 8년 후 키케로는 길리기아(Cilicia)의 지방 총독으로 부임하였다. 그는 라오디게아에서 그의 선임자인 알피우스 클로디우스 풀커(Alpius Clodius Pulcher)를 만나도록 되어 있었다. 그 곳은 은행업의 중심지였기 때문에 그 곳에서 교환어음을

---

2) R. C. Trench, *Commentary of the Epistles to the Seven Churches in Asia* (Minneapolis: Klock and Klock, 1978 reprint of 1897 edition), p. 200; John A. Cramer, *A Geographical and Historical Description of Asia Minor* (Amsterdam: A. M. Hakkert, 1971 reprint of the 1832 edition), vol. II, p. 38. The most thorough treatment of the city's history remains that by W. M. Ramsay in *The Cities and Bishoprics of Phrygia* (Oxford: Clarendon press, 1895), vol. I, pp. 32-83.

3) W. M. Ramsay, *Letters to the Seven Churches* (Grand Rapids: Baker, 1979 reprint), p. 420.

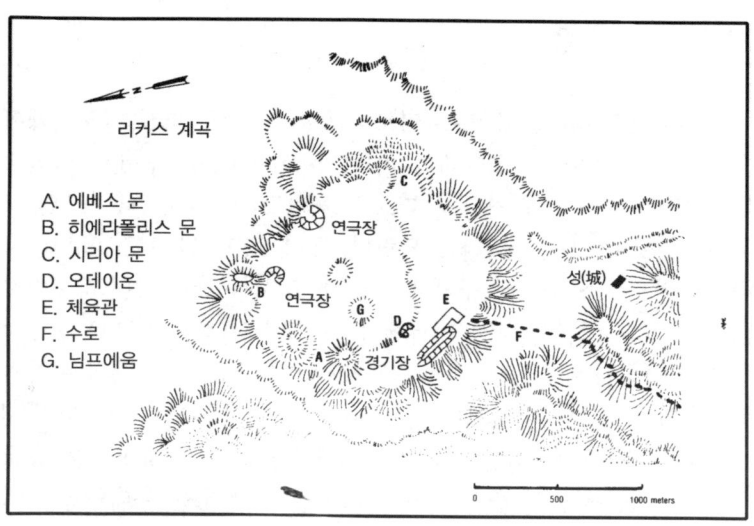

〈그림 11〉 라오디게아 계획

현금으로 바꾸고자 했으며, 나중에 그는 두달 반 가량 소송을 봐주면서 라오디게아에서 보냈다고 기록되어 있다. B.C. 51년 8월 3일, 라오디게아에서 아티쿠스(Atticus)에게 보낸 그의 서한에서 키케로는 자신의 느낌을 이렇게 적고 있다(Ad Atticum[V.15]);

    나는 7월 31일 라오디게아에 도착했습니다. 그날로부터 나의 전 공직생활을 그려보았습니다. 나는 무척이나 따뜻하고 호의적인 환영를 받았지요. 그러나 내가 얼마나 그 모든 사업에 싫증이 났었고 누구라도 나의 취향에 맞지 않았으며 얼마나 나의 왕성했던 정력이 쇠퇴해버렸든지 믿을 수 없을 정도였답니다. 오 신이시여! 아울루스 플로티우스(Aulus Plotius)가 로마에 있는 동안 저는 라오디게아의 법정에 앉아 있어야만 하는 겁니까? 또 우리의 친구 시저가 거대한 군대를 거느리고 있을 때 저는 단지 나를 신통치 않게 생각하고 있는 한 무리의 군대를 거느리고 있어야 합니까? 이와 같은 경우들은 제가 원했던 바가 아닙니다. 큰 세계, 공회당, 큰 도시, 내 집, 당신들이 갖고 있는 모든 것, 그것이 바로 내가 원하는 바이지요.[4]

밀레도에 있는 비명의 조각들이 이 유명한 연설자에 대하여 언급하고 있다.[5]

라오디게아는 로마황제시대 때 번성했었다. A.D. 17년의 대지진이 있은 후 티베리우스 황제는 원조를 보냈다. 그러나 네로황제의 통치기간에 생긴 A.D. 60년의 또 다른 지진 때는 이 도시가 부유했기 때문에 다른 로마인의 도움이 더이상 없어도 재건이 가능했었다 (Tacitus, *Annals* XIV. 27; 비교: 계 3:17).[6]

특히 이 도시는 플라비안(Flavian) 황제 치하에서 가장 번영했다. 삼중으로 된 시리아(Syrian) 문(그림 11.C)은 베스파시안 황제 (Vespasian)가 기증한 것이었다. A.D. 79년으로 거슬러 올라가면 경기장에 그리스어로 새겨진 주형틀에 다음의 내용이 있다.

> 티투스 시이저 아우구스투스 베스파시안(Titus Caesar Augustus Vespasian) 황제와 7대의 집정권과 신과 동등한 베스파시안 황제의 아드님을 위해, 또한 국민들을 위해서 연소한 니코스트라투스(Nicostratus)께서…자비(自費)로…헌납하셨도다. 니코스트라투스…그의 상속인은 남아있던 일들을 완수하였고 지방총독 마르쿠스 울피우스 트라야누스(Marcus Ulpius Trajanus)는 그것을 신성히 간수하였다.[7]

마르쿠스 울피우스 트라야누스는 트라얀 황제의 아버지였고, 티투스(Titus)와 도미티안(Domitian) 치하의 아시아 지방총독이었다. 니코스트라투스(Nicostratus)와 그의 사촌도 경기장 헌납에 연관되

---

4) L. P. Wilkinson, *Letters of Cicero* (New York: W. W. Norton, 1968), pp. 79-80.

5) R. K. Sherk, *Roman Documents from the Greek East* (Baltimore: Johns Hopkins University Press, 1969), #52, pp. 272-76.

6) Michael Grant, *Nero* (New York: American Heritage, 1970), p. 31, reproduces a coin portrait of the young Nero from the Laodicean mint.

7) C. C. Vermeule, *Roman Imperial Art in Greece and Asia Minor* (Cambridge: Harvard University Press, 1968), pp. 238-39.

어 있었고, 동일한 해에 티투스 황제를 위한 봉헌 신상을 세웠다(그림 11과 사진 X.1).

X.1 티투스(디도)황제(A.D 79-81)에 의해 헌납된 경기장

X.2 하드리안 황제 시대의 체육관과 목욕탕

이 도시의 남동쪽에 삼중으로 된 아치형의 대문에 있는 석회암 석재는 이전에도 있었던 것이다. 여기에는 도미티안(Domitian)을 위해 그리스 글자와 로마 글자로 새겨진 비문들이 있었는데, 도미티안의 이름은 떨어져나가고 없다.

체육관과 목욕탕(그림11. E와 사진 X.2)은 A.D. 123년과 124년 사이에 건립된 것 같은데 황제 하드리안(Hadrian)과 그의 아내 사비나(Sabina)를 위해 세워졌다. 봉헌물들은 129년에 황제가 이 도시를 방문한 일을 기념하기 위한 것이었다.

카라칼라(Caracalla) 통치 때의 동전들은 아마도 황제의 제식을 치뤘던 신전 하나와 공회당을 묘사하고 있다. 여기에서 황제는 이 도시를 이끌어가는 시민들에게 경의를 표하고 있다.[8] 또다른 동전에는 카라칼라(Caracalla)가 박공벽(pediment) 안에 창문이 있는 6주식(柱式) 신전 앞에서 제물을 드리는 모습이 보인다.[9]

용수의 공급

라오디게아에는 샘물이 없었고, 리커스(Lycus)에 있는 물은 깨끗하지 못했다. 그래서 라오디게아인들은 수로를 이용했다. 데니즐리(Denizli, 현 지명) 방향의 남쪽에서 거슬러 오르는 수로의 일부분은 지금도 보인다. 어떤 이들은 수로용 물이 히에라폴리스(Hierapolis)의 온천수로부터 끌어 올려진다고 믿고 있는데, 히에라폴리스가 북쪽에 있는 도시이므로 그렇게 믿고 있지만 이 생각은 옳지 않다(그림 10).

그렇지만 온천수에서 수로용 물을 끌어 썼다는 것은 사실이다. 왜냐하면 수로의 거의 대부분을 메우고 있는 침전물들이 석회질이기 때문에 그것은 증명된다.[10] 라오디게아에 이르게 되면 용수는 미적지근한 물이었다(비교; 계 3:16). 루드윅(M.J.S. Rudwick)과 그린(E.M.B. Green)의 주장에 의하면 이러한 물은 치료용으로 쓰일만큼 뜨겁지도, 신선하리만큼 차갑지도 못한 그런 물이라고 했다.[11] 블

---

8) M. J. Price and B. L. Trell, *Coins and Their Cities* (Detroit: Wayne State University Press, 1977), pp. 25, 31.

9) Ibid., p. 129.

10) C. J. Hemer, "Unto the Angels of the Churches." *BH* 11 (1975): 177. Note the cover photo.

11) M. J. S. Rudwick and E. M. B. Green, "The Laodicean Lukewarmness," *Expository Times* 69 (1957-58): 176-78; Hemer, "Unto the Angels," pp. 181-83.

래이클럭(E.M.Blacklock)의 언급은 다음과 같다.

　　테 아로하(Te Aroha)의 정원에 있는, 또는 뉴질랜드의 로토마 (Rotoma) 호수가의 샘에 있는, 소다수를 적신듯한 미지근한 광천수도 라오디게아의 작가가 최대한으로 협박을 해야만 겨우 맛을 볼 수 있는 그러한 물이다. 건강에 해로운 혼합물은 신선하리만큼 차지도, 유익하리만큼 뜨겁지도 않아서, 이상스러운 맛이나 메스꺼움으로 인해 괴롭게 한다.[12]

님프에움

　　1961년부터 1963년까지 퀘벡주에 있는 라벨(Laval) 대학은 진 데스 가그녀(Jean des Gagniers)의 지도 아래 A.D. 3세기 이전에는 세워지지 않았던 정교한 님프에움(Nymphaeum), 또는 분수형 집을 발견했다(그림 11.G). 님프에움에는 사각형의 우물과 반원형의 분수 2개, 그리고 저장실들이 있었다. 그 곳에서 이시스(Isis)의 입상이거나 아니면 여사제 중 한 명인 거대한 동상 하나가 발견됐다. 십자가가 새겨져 있는 것을 보면 이 건물은 이후 기독교인들이 개조, 사용했던 것으로 여겨진다.[13]

---

12) E. M. Blaiklock, *The Cities of the New Testament* (London: Pickering & Inglis, 1965), p. 125.

13) In addition to the final report of Jean des Gagniers et al., *Laodicée du Lycos: Le Nymphée, Campagnes, 1961-1963* (Quebec: l'Université Laval, 1969), see also Otto F. A. Meinardus, *St. John of Patmos and the Seven Chruches of the Apocalypse* (Athens: Lycabettus, 1974), pp. 132-33; and *Bible et Terre Sainte* 81 (March, 1966), which contains articles on Laodicea by M. Bobichon, P. Devambez, R. Leconte, and J. Maigret.

경기장과 경기

키케로(Cicero)의 편지(*Ad Atticum* VI. 3.9)에서도 증명이 되듯이 검투사 경기는 B.C. 50년경보다 훨씬 전에 실시되었다. "내가 얘기할 수 있는 또 다른 하나는 호르텐시우스(Hortensius) 2세가 검투사 양성을 위해서 라오디게아에 있었다[*Laodiceae gladiatoribus*]."[14]

길이가 1,000피트나 되는 이 경기장은 검투사 경기를 위해서 벽으로 에워싸인 구조로 되어 있었다. 앞서 언급한대로 이 경기장은 부유한 집안들에 의해 베스파시안(Vespasian)이나 티투스(Titus)를 위하여 바쳐졌다. 이 집안들의 은혜를 기리는 비문이 이 도시에 세워졌는데 여기에는 다음의 내용이 적혀있다.

> 의회와 시민들은 니코스트라토스(Nicostratos)의 딸과 젊어서 죽은 페리클레스(Pericles)의 아들을 기렸는데, 이는 그녀의 아버지가 공공업무를 치안하고 봉사하고 감독했었고, 한편 그의 작은 할아버지인 니코스트라토스가 다른 사람들을 돕던 이 도시의 성직자였으며 하얀 대리석으로 만든 원형 극장을 봉헌했던 자이기 때문이다.[15]

묘지의 비문에는 경기에서 싸우다 죽은 자들에 관한 글이 있다. '대사제이고 스테파네포로스(Stephanēhporos)인 디오클레스(Diokles)가 주관한 경기에서 죽은 검투사들의 묘' 라고 적혀 있는 한 비문에 대해 람세이(Ramsay)는 언급했다.[16]

---

14) *Cicero's Letters to Atticus,* ed. D. R. Schackleton Bailey (Cambridge: Cambridge University Press, 1968), vol. III, pp. 120-21; David Magie, *Roman Rule in Asia Minor* (Princeton: Princeton University Press, 1950), vol. I, p. 127; vol. II, ppl 986-87.

15) Louis Robert in Gagniers, *Laodicée,* p. 323.

16) Ramsay, *The Cities and Bishoprics,* vol. I, pp. 75-77; Louis Robert, *Les*

경기장의 동쪽에는 큰 건물이 있었는데(그림 11.E) 이미 언급했듯이 하드리안(Hadrian) 황제를 위해서 세워진 체육관, 목욕탕으로 생각된다. 이것은 A.D. 129년에 하드리안(Hadrian)이 이 도시를 방문했을 때이거나 아니면 그보다 이른 A.D. 123년, 그의 방문시에 세워졌던 것으로 비문들에 나타나 있다.[17]

루이스 로버트(Louis Robert)가 비문을 해석한 것에 따르면 라오디게아에서도 음악회가 열렸었다고 한다. 이 비문의 내용을 보면 솔로 가수 아우레테스(auletes)가 음악회에서 57번 이상 상을 받았고, 그는 여기에서 아울로스(aulos)라는 악기를 연주했는데, 이 악기는 종종 '플루우트'로 번역이 되기도 했으나 '오보에'에 더 가까운 악기였다.[18] 그가 상을 받았던 33번의 음악회 중 한번은 라오디게아에서 열렸던 때였다.[19]

연극장

그리스 시대풍의 큰 연극장이나 로마의 작은 연극장과 오데이온(Odeion, 그림 11.D)은 아직 발굴되지는 않았지만,[20] 하드리안(Hadrian)과 엘리우스 시이저(Aelius Caesar)를 위해 136년에서

Gladiateurs dans l'Orient Grec (Amsterdam: A. M. Hakkert, 1971 reprint of 1941 edition), pp. 151-52.

17) Ramsay, *The Cities and Bishoprics*, vol. I, ppl 47-48.

18) Warren D. Anderson, *Ethos and Education in Greek Music* (Cambridge: Harvard University Press, 1966), p. 8: "The term 'flute' is inadmissible : the aulos had a reed mouthpiece like that found on an oboe, not the right-angled aperture of a modern concert flute."

19) Robert in Gagniers, *Laodicée*, p. 293.

20) E. Akurgal, *Ancient Civilizations and Ruins of Turkey*, 2nd ed. (Istanbul: Mobil Oil Türk A. S., 1970), p. 237.

10. 라오디게아(LAODICEA) · 183

X.3 대극장

X.4 소극장

137년까지의 기간에 세워진 건축물 하나가 큰 연극장자리에서 발견되었다.[21]

신과 여신

동전과 비문에는 라오디게아에서 숭배된 많은 신들과 여신들의 이름이 나타나 있다. 가장 중요한 신은 제우스 라오디게누스(Zeus Laodicenus)이다. 그의 신전이 이 도시에서 가장 컸던 것 같은데 그 위치는 아직까지 밝혀지지 않았다. 백색의 포장도로가 이것의 전면에 깔려있었다는 사실을 우리는 알고 있다.[22]

숭배된 다른 신들은 디오니수스(Dionysus), 헬리오스(Helios), 네메시스(Nemesis), 하데스(Hades)/세라피스(Serapis), 그리고 미트라스(Mithras)이다. 숭배된 여신들에는 헤라(Hera), 아테나(Athena), 티케(Tyche)와 시리안 아프로디테(the Syrian Aphrodite)가 있다.[23] 이 도시의 이름을 짓는데 배경이 된 사람인 라오디게(Laodice)도 또한 숭배됐었다.[24]

예언과 의술

라오디게아인들은 예언의 신 아폴로(Apollo)와 치료의 신 아스클레피오스(Asklepios)를 특별히 숭배했었다. 에베소의 북쪽에 있는

---

21) Vermeule, *Roman Imperial Art*, p. 474.
22) Robert in Gagniers, *Laodicée*, p. 275.
23) Ibid., p. 257.
24) Ibid., pp. 324-25. Robert interprets an inscription (MAMA VI, 18) as belonging to her cult rather than as an inscription of a priest for Zeus as Ramsay had held.

кл라로스(Claros)의 아폴로 신전에 비문들이 여럿 있는데 이것은 라오디게아에서 정기적으로 종교의식을 행했음을 말해준다. 로버트(Robert)는 라오디게아에서 아폴로의 '선지자'를 기록한 클라로스(Claros)의 비명 25개를 수집했다.[25]

람세이(Ramsay)는 아폴로(Apollo), 아스클레피오스(Asklepios), 심지어는 제우스 라오디게누스(Zeus Laodicenus)까지도 지방신인 맨 카로우(Men Karou)를 단지 헬레니즘식으로 확대시켜 놓은 것에 지나지 않는다고 말했었다.[26] 로버트는 서로 상이한 신들을 하나로 통합시키는 것에 반대했다. 그는 아스클레피오스(Asklepios)와 맨(Men) 사이에는 유사한 모습이라든가 조화로운 모습이 전혀 보이지 않는다고 생각했다. 각각의 신들은 나름대로의 특이성을 지닌 것으로 동전과 같은 곳에 나타난다.[27]

라오디게아 북서쪽으로 12마일 정도 떨어진 지역에 맨 카로우(Men Karou) 신전이 있었는데, 그곳은 의학학교로서 유명했었다(Strabo XII. 8. 20). 미루어 짐작하건대, 라오디게아에는 안약을 조제하기 위한 의료전문학교가 있었고 이러한 약들은 눈에 바르는 고약이나 화장품으로 사용되었던 것으로 여겨진다.[28] 유명한 버가모의 외과의사인 갈렌(Galen)의 말에 의하면;

> 프리지아인(Phrygian)의 돌로 된 마른 안약을 눈의 안쪽막에 댈 것도 없이 눈꺼풀에만 발라줘도 눈이 튼튼해질 것이다. 여성들이 매

---

25) Robert in Gagniers, *Laodicée,* pp. 298-303. On Claros, see Robert Flacelière, *Greek Oracles* (New York: W. W. Norton, 1965), pp. 44-47.

26) Ramsay, *The Cities and Bishoprics,* vol. I, pp. 52-53.

27) Robert in Gagniers, *Laodicée,* pp. 290-91.

28) Hemer, "Unto the Angels," p. 189, n. 34, writes: "The statement that an eyesalve was made at Laodicea, often thken from Ramsay, *Seven Churches,* pp. 419, 429, is not an attested fact, but is based on his inference...There is however circumstantial support for the inference, and there are independent grounds for locating an advanced and specialised ophthalmology at Laodicea."

일 이렇게 한다면 그녀들의 눈은 매혹적으로 될 것이다(*de Sanitate Tuenda* XII).[29]

요한계시록 3:18에 보면 환자들이 이 지역의 눈 안약에 관해 암시해 줌을 알 수 있다.[30] 헤머(C.J. Hemer)는 다음과 같이 말한다.

교회는 '가난하고 앞 못보고 헐벗은' 것으로서 판단되지만 라오디게아는 수요를 위해 필요한 만큼 얻을 수 있는 부와 산업을 자랑했다: 라오디게아는 안과의사와 안약 그리고 양모 의류로 유명했고 금융의 중심지였다. 의심할 여지도 없이 교회는 영적으로 부유한 장소로서 뿐만 아니라 지적으로도 우월한 장소로서 인식되었다. 이것은 그 자체 스스로가 눈이 멀어 있음으로 보지 못하는 것이었다.[31]

---

29) Galen, *De Sanitate Tuenda,* tr. R. M. Green (Springfield, IL: Charles C. Thomas, 1951), p. 269.

30) Robert H. Mounce, *The Book of Revelation* (Grand Rapids: Wm. B. Eerdmans, 1977), p. 127.

31) Hemer, "Unto the Angels," p. 183.

11
히에라폴리스
(HIERAPOLIS)

위 치

히에라폴리스는 대략 아우구스투스 대제 시대까지는 히에로폴리스(*Hieropolis*-신성한 성지가 있는 도시)로 알려졌었다. 히에라폴리스는 평지보다 약 300피트 높은 고원에 있고 라오디게아에서 6마일 북쪽에 위치해 있다. 온천수로 인한 침전에 의해서, 마치 옐로우스톤(Yellowstone)에 있는 맘모스(Mammoth) 분수처럼 빛나는 하얀 석회석 언덕은 라오디게아에서도 명확히 보인다. 그래서 이 지역은 파묵칼레[Pamukkale, 목화성(城)]라는 터어키식 이름으로 아름답게 불리게 되었다. 지금은 관광객들의 이름난 휴양처이다. 시빌레 헤이네스(Sybille Haynes)는 다음과 같이 말한다. "가로수가 있는 거리의 서쪽과 님프에움(Nymphaeum) 아래쪽으로 약간 떨어진 곳에 신성한 연못이 있었는데 지금은 세속적인 호텔에 가려져 있고 수영을 하는 풀장으로만 사용되고 있다."[1]

---

1) Sybille Haynes, *Land of the Chimaera* (New York: St. Martin's Press, 1974), p. 135.

XI.1 히에라폴리스에 있는 온천물(일명: 파묵칼레, 목화성)

XI.1-1 히에라폴리스 주위 모습

Ⅳ.1-2 파묵칼레

신약 성경의 언급

신약 성경상의 유일한 언급은 골로새서 4:13에 있다. 전승에 의하면 기독교시대 후기에 빌립이 이 곳에 다시 거주하게 되었다고 한다.

히에라폴리스 출신으로 가장 유명했던 사람은 노예 에픽테투스(Epictetus)였다. 그는 A.D. 50년경에 태어나서 나중에는 뛰어난 스토아 학파의 철학자가 되었다. 파라(F.W. Farrar)는 말한다.

    만약 에픽테투스(Epictetus)가 그 곳에서 소년시절의 한때를 보냈다면, 어두침침한 장소가 있는 낮은 곳에서 남녀가 서로 만나 골로새인들에게 보낸 사도 바울의 서신서와 지금은 사라져 없는 라오디게아 교회로 바울이 보낸 또다른 서신을 읽어주면서 그들과 대화를 나누었을 것이다.[2]

역사적 배경

히에라폴리스가 버가모인들 또는 셀루키드인들(Seleucids)에 의해 창건되었는가 아닌가를 놓고 오랜 논쟁이 있어 왔다. 히에라폴리스에서 출토된 현존하는 최고의 비문은 버가모의 왕 유메네스(Eumenes) 2세의 어머니에 관한 것이다(B.C. 197~159). 가까이에 있는 라오디게아가 셀루키드인들(Seleucids)에 의해 창건이 된 것으로 알려져 있었기에 학자들은 그들이 그렇게 가까운 곳에다 또다른 도시를 건설하지 않았을 것이라고 추측해왔다.[3] 한편으로 체리코버(V. Tcherikover)는 히에라폴리스도 셀루키드의 도시였다고 주장했다.

지금 이 논쟁은 연극장에 있는 비문에 셀루키드(Seleucid) 왕조의 이름이 기록돼 있는 사실이 발견됨으로써 후자의 주장이 더욱 지지를 받는다.[4] 콜브(F. Kolb)는 히에라폴리스가 아마도 안티오쿠스

---

  2) F. W. Farrar, *Seekers After God* (London: Macmillan, 1891), pp. 187-88.

  3) George E. Bean, *Turkey Beyond the Maeander* (London: Ernest Benn, 1971), p. 234.

  4) F. Kolb, "Zur Geschichte der Stadt Hierapolis in Phrygien: Die Phyleninschriften im Theater," *Zeitschrift für Papyrologie und Epigraphik* 15 (1974): 255-70.

(Antiochus) 2세가 라오디게아를 세우기 전에 안티오쿠스 1세에 의해 창건됐을 것이라고 주장한다.

약 3세기 동안 라오디게아의 그늘에 가려 있은 후 히에라폴리스는 A.D. 1세기 말엽에 융성하기 시작해서 특히 2세기와 3세기 동안에 번영하였다.

A.D. 84년에서 86년경에 이 도시의 북쪽에 있는 삼중으로 된 제식문에 기록된 두 나라의 언어로 쓰인 비문에는 도미티안(Domitian)의 이름이 적혀있다. 그러나 이 이름은 훼손당한 상태로 남아있다. 하드리안(Hadrian)처럼 보이는 갑옷을 입고 있는 사람의 신상이 아폴로(Apollo) 신전에서도 발견되었다.[5] 연극장과 같은 아주 화려한 기념물들은 셉티미우스 세베루스(Septimius Severus)와 카라칼라(Caracalla)가 세운 것들이다.

발굴

1957년부터 이태리의 고고학자 파올로 버죤(Paolo Verzone)은 대대적인 발굴작업을 시작했다. 그는 아폴로 신전과 연극장, 님프에움(Nymphaeum) 및 목욕탕 등을 집중적으로 발굴해서 복원시켰다.

헬레니즘시대의 유물들은 남아있지 않았고, 다만 찾아볼 수 있는 유물들은 로마시대의 것들이었다. 가로수가 있는 주요 도로는 북에서 남으로 1마일 가량 뻗어있고, 도시 성곽의 거대한 부분이 서쪽을 제외하고 남아 있다. 온천수에서 시작되는 수로는 유적지 전역에서 볼 수가 있으며(그림 XI. 2), 하수도는 거리의 중심부 여러 곳을 지나고 있다.

---

5) C. C. Vermeule, *Roman Imperial Art in Greece and Asia Minor* (Cambridge: Harvard University Press, 1968), pp. 472-73.

XI.2 히에라폴리스 뜨거운 물(온천물)이 흐르는 통로이다.

아폴로 신전

 헬레니즘 시대로 거슬러 올라가야 초기의 성소를 찾아볼 수 있지만, 현존하는 아폴로 신전은 A.D. 3세기 이전의 것은 아니다.[6] 이 신전은 마르쿠스 아우렐리우스(Marcus Aurelius) 치하 때 전염병이 발생하자 아폴로신에게 제사를 드리려고 희생제물을 바치던 곳이다.
 이 성소는 특히 클라로스(Claros)의 아폴로에게 희생 제사를 드리는 장소로 사용되었다. - "당신의 도시를 수호하는 몹소스(Mopsos)

---

 6) For a numismatic representation see M. J. Price and B. L. Trell, *Coins and Their Cities* (Detroit: Wayne State University Press, 1977), p. 197. Though the structure of only one temple has so far been idenified at Hierapolis, coins indicate that there were other temples dedicated to Dionysus, to the emperor Caracalla, etc. See Price and Trell, *Coins and Their Cities,* pp. 197, 264.

로부터 그리고 나로부터 나오신 당신들을 위하여."[7] 여기에서 몹소스(Mopsos)는 클라로스(Claros)의 전설적인 예언자인데 트로이 전쟁에 나간 그리스 군대의 일부를 데리고 아나톨리아 남서지역의 길리기아(Cilicia)에 정착한 사람이었다.[8] 카라테페(Karatepe)에서 페니키아(Phoenicia) 글과 힛타이트(Hittite) 상형문자가 발견됨으로써 이 전해오는 이야기는 분명해졌다.[9]

플루토늄

히에라폴리스는 플루토늄(Plutonium)*이 있던 장소여서 유명했었는데 이른바 지하세계의 입구로 유명하다. 스트라보(Strabo XIII. 4.14)에 의하면 플루토(Pluto, 하계[下界]의 신)의 거세된 수도승들만이 다치지 않고 이 구멍 안으로 들어갈 수가 있었다고 한다. 그리고 이 구멍의 독기는 그들이 끌고 들어가는 황소를 즉시로 죽게할 정도였다.

A.D. 4세기경에 이 구멍을 벽돌로 막아버렸기 때문에 결국 그 위치를 잊어버리게 되었다. 람세이(W.M.Ramsay)는 말하기를, "내가 생각하기로는 그 일은 기독교인들이 한 일이라고 여겨진다. 그들은 사단이 기거하는 바로 이 구멍을 조금씩 메워서 아주 막아버렸다"고 한다.[10]

---

7) Bean, *Turkey*, p. 241; G. P. Carratelli, "ΧΡΗΣΜΟΙ di Apollo Kareios e Apollo Klarios a Hierapolis in Frigia," *Annuario della Scuola Archeologia di Atene* 25-26 (1963-64): 352-70.

8) R. D. Barnett, "Mopsus," *Journal of Hellenic Studies* 73 (1953): 140-43.

9) H. T. Bossert, "Die Phönizisch-Hethitischen Bilinguen vom Karatepe," *Oriens* 2 (1949): 72-128.

10) W. M. Ramsay, *The Cities and Bishoprics of Phrygia* (Oxford: Clarendon Press, 1895), vol. I, p. 86.

이태리 발굴가들은 최근에 아폴로 신전 남쪽에서 플루토늄(Plutonium)을 재발견했다. 그들은 이곳에서 9피트 정방형의 지하 공간을 발견했는데 여기로부터 빠른 물흐름 소리를 들었고 구린 냄새가 나기도 했다.[11]

브라이스(W.C. Brice)는 1950년에 히에라폴리스에 있는 또다른 동굴로 내려갔었는데 스트라보(Strabo)가 묘사했던 고대의 현상을 설명할 수 있었다.

> 무릎 위까지의 공기는 따뜻하고 끈적임이 있었다. 그리고 그 지점 밑에서 성냥불을 그었더니 즉시 꺼져버렸다. 나는 조심스럽게 머리를 내렸다. 그랬더니 밀집해 있던 가스 때문에 숨을 쉴 수가 없었다… 이 곳의 가스는 분명히 이산화탄소 같았고, 그 공기가 그 곳의 표면에 있는 온수 수영장에서 거품이 일게하는 것이 보였다. 이산화탄소는 공기보다 무겁기 때문에 낮게 깔려 있어서 황소의 머리는 이산화탄소 가스 안으로 들어가야 했지만, 사람은 위험없이 숨을 쉴 수가 있었던 것이다.[12]

직물

뜨거운 물 덕분에 이 도시는 직물 공업이 발달되었다. 데이비드 메기(David Magie)는 다음과 같이 말했다. "석회질을 다량 함유하고 있던 이 도시의 물은 양모를 자주빛으로 염색하는데 아주 적합했다. 이 자주빛 양모는 꼭두서니과 식물 뿌리로 만들어지는데 이에 반

---

11) Bean, *Turkey*, p. 237.

 *역자주: 플루토늄(Plutonium): 이 방사성 원소는 기호 Pu이고 원자번호가 94번 이다. 이 플루토늄은 히에라폴리스 중턱에 온천수가 나오면서 나오는 일종의 가스이다.

12) W. C. Brice, "A Note on the Descent into the Plutonium at Hierapolis of Phrygia," *Journal of Semitic Studies* 23 (1978): 226-27.

해 다른 지역은 코치닐 염료(연지벌레에서 추출)나 자주빛 천연 담치를 사용했었다."[13]

A.D. 2세기나 3세기로 추정되는 비문에는 포르피라바포이(*porphyrabaphoi*, '자주빛 염색공'), 카펫 기술자, 양모 세탁자 등의 이름이 기록되어 있다. 최초에 생긴 두 곳의 직물 협동조합인들은 거의 유대인들이었는데 이들이 초기 산업을 장악했다는 것은 확실하다.[14]

연극장

1958년 이래로 이태리인들은 많은 노력을 기울여서 연극장을 복원하고 단장을 해서 잘 보존시켰다. 이 큰 구조물의 정면은 100미터 정도였고 중앙에 귀빈석을 갖추고 있으며 50개의 좌석열이 있었다.

무대는 12피트 정도 되었는데 디오니수스(Dionysus), 아르테미스(Artemis), 아폴로(Apollo) 같은 신들의 재미있는 삶을 양각으로 나타내고 있다. 한 양각은 히에라폴리스의 독기를 의인화한 크리소로아스(Chrysoroas)를 나타내고 있고, 다른 양각은 셉티미우스 세베루스(Septimius Severus), 카라칼라(Caracalla), 제타(Geta)와 같은 황제의 모습을 그린 위에 희생제사 장면을 보이고 있다. 따라서 이것은 A.D. 204년에서 211년의 것으로 추측된다.[15]

---

13) David Magie, *Roman Rule in Asia Minor* (Princeton: Princeton University Press, 1950), vol. I, p. 48.

14) W. M. Ramsay, *The Social Basis of Roman Power in Asia Minor* (Amsterdam: A. M. Hakkert, 1967), p. 170; S. Safrai and M. Stern, eds., *The Jewish People in the First Century* (Philadelphia: Fortress Press, 1974), p. 480; Haynes, *Land of the Chimaera*, p. 137.

15) Bean, *Turkey*, p. 242; Daria de Bernardi Ferrero, *Teatri Classici in Asia Minore* I (Rome: "L'Erma" di Bretschneider, 1966), pp. 57-76; P. Verzone, "Le

ⅩⅠ.3 공동묘지 유적

검투사 경기

이 고원에는 경기장이 있었던 흔적이 없기 때문에 운동경기는 평지에서 열렸던 것 같다. 검투사 경기나 야생동물쇼 등은 연극장에서 개최되었던 것 같다.[16] 루이스 로버트(Louis Robert)의 말에 의하면, 히에라폴리스의 공동묘지에는 실패한 검투사들의 비명들이 마련되

---

campagne a Hierapolis di Frigia," *Annuario della Scuola Archeologia di Atene* 23-24 (1961-62): 633-47; 25-26 (1963-64): 352-70.

16) Bean, *Turkey*, p. 238.

어 있었다고 한다.[17] 비명 하나는 10번의 승리를 안은 한 검투사를 기념하고 있다.[18]

공동묘지

이 공동묘지는 도시 북쪽으로 2km 떨어진 곳에 있고, 헬레니즘시대 말기부터 초대 기독교 시대까지 존재했었다. 이 곳에는 약 1,200개 정도의 묘지와 300개 정도의 비문이 있다. 조오지 빈(George E. Bean)은 무덤도굴자들을 비난하는 전형적인 저주의 말을 다음의 비명(碑銘)을 들어 인용했다.

> 침입하는 자, 게다가 선동까지 하는 자는 삶의 기쁨이라든가 자손으로 인한 즐거움을 전혀 가질 수 없고, 또한 한 치의 밟을 땅도, 타고 다닐 배도 없으며, 오직 무자(無子)와 가난과 모든 애정이 결핍된 채 죽게될 뿐이고 죽음 후에는 신의 복수와 응징이 있게 된다. 그리고 그런 자를 보고도 무관심한 자에게도 똑같은 형벌이 내린다.[19]

이 묘는 검투사들 뿐아니라 그 사회에 살던 유대인들에 관해서도 최대한의 정보를 제공해준다. 부루스(F.F. Bruce)는 이 도시의 시민이자 로마의 시민이었던 다소출신 사울의 신분을 진술하기 위해서 "마르쿠스 아우렐리우스 알렉산더는 유대민족의 아사프(Asaph)로도 불렸다"라고 언급하고 있는 히에라폴리스에서 출토된 비명을 인용하고 있다.[20]

---

17) Louis Robert, *Études Anatoliennes* (Amsterdam: A. M. Hakkert, 1970 reprint of 1937 edition), p. 308.

18) Louis Robert, *Les Gladiateurs dans l'Orient Grec* (Amsterdam: A. M. Hakkert, 1971 reprint of 1941 edition), p. 155, #124.

19) Bean, *Turkey*, p. 245.

20) F. F. Bruce, *Paul: Apostle of the Heart Set Free* (Grand Rpbids: Wm. B.

빌립 순교 기념교회

언덕 북동쪽에 있는 경사면에는 이 도시의 성곽 뒷편에 위치한 8각형으로 된 빌립의 순교를 기념하고자 세운 교회가 있다. 이것은 히에라폴리스에서 가장 인기를 끄는 건물이다. 20평방미터가 채 못되는 8각형의 방에는 수도사들을 위한 반원형의 의자 한 개와 성경용 탁자 하나가 있다.[21] 순례자들을 위해 만들어 놓은 여덟 개의 작은 예배처가 상기한 방을 축으로 나뉘어 있다. 이 교회는 A.D. 5세기에 건립되었고, 1957년부터 1958년까지 발굴작업에서 밝혀졌다.[22]

이 곳에서 기념되고 있는 빌립에는 두 명의 후보가 지목되는데, 한 명은 그리스도의 제자 빌립이고 다른 한 명은 집사(전도자) 빌립이었다. 에베소의 감독인 폴리크라테스(Polycrates)는 람세이가 옹호하는 것처럼 그리스도의 제자 빌립으로 규정했다.[23] 한편 몬타누스파(Montanists) 학자들은 여자 예언자들에게 성령이 임했다고 주장하고 있는데, 그 이유는 집사 빌립에게 4명의 딸이 있었고 아직도 히에라폴리스에는 이들의 묘지가 있기 때문이다(유세비우스 [Eusebius], *Historia Ecclesiastica* III.31.4 참조). 부루스(F.F Bruce)는 이 교회가 집사 빌립을 기념하던 곳이라는 입장을 보이고 있다(행 21:8-9).[24]

Eerdmans, 1977), p. 36, n. 11.
  21) Haynes, *Land of the Chimaera,* p. 134.
  22) P. Verzone, "Il martyrium ottagono a Hierapolis di Frigia," *Palladio* 10 (1960): 1-20.
  23) W. M. Ramsay, "Hierapolis," *Dictionary of the Bible,* ed. James Hastings (New York: Scribner, 1899), vol. II, p. 380; so also E. Akurgal, *Ancient Civilizations and Ruins of Turkey,* 2nd ed. (Istanbul: Mobil Oil Türk A. S., 1970), p. 175; and Haynes, *Land of the Chimaera,* p. 134.
  24) Bruce, *Paul,* pp. 343, 376; so also D. Boyd, "Hierapolis," *IDBS,* p. 411.

12
골로새
(Colossae)

위 치

골로새 지역은 리커스(Lycus)강의 계곡에 있는 히에라폴리스와 라오디게아 근처에 위치했었다(그림 10 참조). 고대도시의 유물로 덮여있는 무덤(hüyük; "tell" 또는 작은 언덕에 해당하는 터어키어)은 1835년에 윌리암 헤밀톤(William J. Hamilton)에 의해 밝혀졌다. A.D. 8세기경의 지역민들은 안전한 지역을 찾아서 이 지역을 떠나 남쪽으로 3마일 떨어진 카드무스(Cadmus, 사진 XII 1~3 참조)산의 북쪽 경사면에 있는 코네(Khonai, 오늘날의 호나즈[Honaz])로 이주했다.

역사가 헤로도투스는 골로새가 2/3마일 정도 지하로 물이 흐르는 강의 근처에 있었다고 주장했다. 비록 그의 주장이 꼭 옳다고 하지는 않더라도 리커스(Lycus)의 강물은 좁은 협곡지대를 흐르고 있다(사진 XII.4를 참조).

이 도시의 그리스식 이름(Kolossai)은 에게해(Rhodes, 로데)에 있는 세계 7대의 불가사의 중 하나였던 거대한 신상의 이름(Kolossos)과 흡사했기 때문에, 떠도는 중세의 이야기 중에는 바울

XII.1 골로새 북쪽에 있는 무덤

XII.2 골로새 서쪽에 있는 무덤

XII.3

12. 골로새(COLOSSAE) · 201

XII.4 리커스 강의 고대 제방

이 골로새 사람에게 보낸 편지가 에게해인들에게 보냈던 것이라는 말도 있다.[1]

신약 성경의 언급

바울은 분명히 골로새에서는 복음을 전하지 않았다(골 1:4; 2:1). 그러나 그가 에베소에서 오랫동안 머무르는 중에 골로새 사람인 에바브라를 개종시켰던 것 같다(골 1:7; 4:12-13). 후에 바울이 로마 감옥에 갇혀 있을 때 그는 노예 출신의 도망자 오네시모를 개종시켜 골로새에 있는 그의 주인인 빌레몬에게 보냈었다. 그리고 골로새인과 빌레몬에게 보내는 서한도 같이 보냈다(골 4:9; 몬 10-12) 바울은 골로새 교인들에게 유대인 이단자들을 조심할 것을 편지에 썼는데, 어떤 이들은 이들이 초기 영지주의-이단 종교자들이라고 주장한다.[2]

역사적 배경

B.C. 5세기 초엽에 과거의 골로새에 대해 서술한 크세르크세스(Xerxes)의 문장을 묘사하면서 헤로도투스(VII.30)는 이 곳을 '위대한 도시'로 말하고 있다. 골로새는 소아시아의 중심부를 관통하는

---

1) Otto F. A. Meinardus, "Colossus, Colossae, Colossi: Confusio Colossaea," *BA* 36 (1973): 33-36.
2) See E. M. Yamauchi, "Qumran and Colossae," *Bibliotheca Sacra* 121 (1964): 141-52; idem, *Pre-Christian Gnosticism* (Grand Rapids: Wm. B. Eerdmans, 1973), pp. 44-47; F. O. Francis and W. A. Meeks, eds., *Conflict at Colossae* (Missoula, MT: Society of Biblical Literature, 1973).

남부의 큰 도로에 위치해서 전략적으로 대단히 중요한 지역이었다.
 골로새는 자주색과 붉은색의 모직산지로 유명했었다. 그 독특한 색채는 골로시누스(*Colossinus*)로 알려졌다.
 B.C. 400년 직후에 크세노폰(*Anabasis* I.2.6)은 골로새가 크고 번영하는 도시라고 말했다. 원로원인 플리니(Pliny)는 골로새가 프리지아(Phrygia)에서 가장 유명한 도시 중의 하나라고 말했다. B.C. 3세기에 안티오쿠스(Antiochus) 2세가 10마일 떨어진 곳에다 라오디게아를 건설하자 골로새는 결과적으로 쇠퇴하게 되었다.
 스트라보(Strabo, XII.576)에 있는 문헌들을 살펴보면 골로새는 초기 기독교시대에 작은 마을로 축소되었다고 한다. 그러나 헤롤드 메어(W.Harold Mare)가 지적하듯이 보존되어 있는 자료들간에는 차이가 보이므로 그와 같은 해석을 내리는 것은 부정확하다.[3]
 비잔틴 시대에 이 지역이 약탈하는 사라센제국과 사산조(Sassanians)로부터 공격당하게 됐을 때, 골로새 주민들은 코네(Khonai, 현지명: 호나즈)로 이주했다. 람세이(W.M.Ramsay)가 밝히고 있듯이 감독들이 소장하고 있는 명부를 살펴보면, 8세기와 9세기에 걸쳐 점차적으로 골로새를 떠나 코네(Khonai)로 이주했다고 한다.[4]
 리커스(Lycus)강을 가로질러서 골로새의 북쪽에 있는 성 미카엘 교회는 리커스강의 범람으로 피해를 당하는 일에서 도움을 준 천사장에게 감사를 드리고자 세워진 것이었다. 미카엘교회 아키스트라테고스(Archistrategos)는 A.D. 450년과 7세기 사이에 세워진 것임

---

3) W. Harold Mare, "Archaeological Prospects at Colossae," *NEASB* 7 (1976): 42. What follows is largely dependent upon the observations made by Mare and Donald Burdick in their visit in 1975, reported in this article. I was able to visit the site in 1974, traversing the very rough road from Honaz to the mound. Mare describes a much better route to get to the site (pp. 46-47).

4) W. M. Ramsay, *The Cities and Bishoprics of Phrygia* (Oxford: Clarendon Press, 1895), vol. I, p. 234.

이 분명하다. 셀죽 터어키인들이 리커스계곡을 통해서 맨처음 습격해왔을 때인 1070년에 이들은 이 교회를 점령해서 창고로 사용했었다.[5]

현존하는 유적

골로새에 있는 작은 성채는 아직 발굴작업이 이루어지지 않았다. 1975년 이후로 중근동 고고학협회는 터어키 정부가 이 지역에 대한 발굴을 승인해줄 것을 건의했으나, 현재까지는 새로운 발굴에 대한 허가서를 터어키 정부가 내주지 않고 있다.

메어(Mare)와 도날드 버딕(Donald Burdick)의 추정에 따르면 이 성채는 가로, 세로 각각 114, 55미터 가량되고 높이는 평지보다 16미터 내지 24미터 위로 솟아있다고 한다. 수많은 유물들이 성채 꼭대기나 경사지 또는 건물 아래의 평지에서 발견된다. 비록 이 곳은 현재 사람들의 자유로운 출입이 통제되고는 있지만 조오지 빈(George Bean)은 그가 큰 어려움없이 긴 밧줄은 이용해서 성채의 서쪽 끝에 있는 통로로 들어갈 수 있었다고 보고한다.[6]

연극장에서 출토된 유물들은 성채가 위치해 있는 곳 남동쪽의 100미터 지점에서 발견된다. 메어(Mare)는 다음과 같이 말하고 있다;

> 고대의 연극장이 있던 곳에는 반원 모양으로 움푹 파인 굴이 있는데 폭이 남북으로 60보 정도 되고, 작은 돌들로 덮여 있었다. 굴의 경사진 측면 위 북쪽에는 깨진 돌로 2~3층 정도로 쌓아올린 벽

---

5) Ibid., vol. I, pp. 215-16.

6) George E. Bean, *Turkey Beyond the Maeander* (London: Ernest Benn, 1971), p. 258.

7) Mare, "Colossae," p. 49.

이 보이는데 아마도 연극장의 벽 구조물의 일부인 것 같다.[7]

이 도시의 공동묘지는 리커스강을 가로질러서 성채의 북쪽에 있었다. 직사각형의 묘들은 묘지 윗돌이 서로 맞닿아 있었다. 묘지에 관하여서 메어(Mare)가 말하고 있다:

> 직사각형의 묘들은 서로 촘촘히 맞닿아 있다. 묘의 좁은 윗돌은 가장자리가 잘려나간 채로 둥근 판 위에 얹혀있는 돌뚜껑 위에 있었고… 오늘날 발견되는 묘들은 이미 도굴을 당한 것들이긴 하지만 의미깊은 발굴작업이 이루어져서 이 무덤들이 의미하는 바를 분석해서 밝혀내는 것과 이 지역 내에 있는 다른 무덤들을 찾아내는 것이 필요하다.[8]

헤밀톤(W.J.Hamilton)이 19세기에 이 지역을 처음으로 방문했을 때는 유물들이 훨씬 많이 남아 있었다. 그가 본 것을 적어놓았다:

> 커다란 돌덩이, 건물의 초석, 구운 토기 등이 들판에 널려 있었다. 이외의 다른 것들도 길 여기저기에 흩어져 있었다. 길바닥에는 고대건물의 대리석 조각들, 특히 기둥이나 처마도리, 처마장식 등의 조각들로 지천을 이루었다. 길가에서 조금 떨어진 연극장 터에 움푹 패인 굴은 완경사의 지형으로 아직도 여러 군데 남아 있다.[9]

기념될만한 이런 많은 유물들과 조각들이 사라져가고 있기 때문에 조속한 시일에 골로새 발굴작업이 각별히 요구된다.

비문

체계적인 발굴작업이 아직까지는 이루어지지 않았지만 많은 비문

---

8) Ibid., p. 50.

9) W. J. Hamilton, *Researches in Asia Minor, Pontus, and Armenia* (London: J. Murray, 1842), pp. 509-10, cited by Mare, "Colossae," p. 50.

들이 골로새와 그 주변지역에서 발굴됐다.

(1) 경주에서 두차례에 걸쳐 우승한 선수에 대한 비문이 호나즈(Honaz)에서 발견되었는데, 이것은 트라얀 황제를 위해 세운 제단에서 발견됐다.[10]

(2) 또다른 선수의 비문과, 트리부누스 밀리툼(Tribunus Militum)에 의해 하드리안(Hadrian)에게 헌납되었던 제단이 앤더슨(J.C.Anderson)에 의해 보고됐다.[11]

(3) 버뮬레(C.C.Vermeule)는 헬리오스(Helios)의 사륜마차를 타고 다니던 젊은 청년인 데모스(Demos)의 천재성을 상징해주는 청동물을 보고했다. 그것은 A.D. 200년경으로 추정된다.[12]

(4) A.D. 4세기 초엽부터 콘스탄티누스(Constantinus) I세의 헌비가 나타나고, 또하나의 헌비는 아마도 디오클레티안(Diocletian)의 것으로 보인다.[13]

또한 루이스 로버트(Louis Robert)도 골로새에서 발견한 다른 비문을 보고했다.[14]

---

10) M. Clerc, "Inscriptions de la Vallée du Méandre," *Bulletin de correspondance hellénique* 11 (1887): 353-54.

11) J. C. Anderson, "A Summer in Phrygia II," *Journal of Hellenic Studies* 18 (1898):90.

12) C. C. Vermeule, *Roman Imperial Art in Greece and Asia Minor* (Cambridge: Harvard University Press, 1968), p. 163.

13) W. H. Buckler and W. M. Calder, *Monumenta Asia Minoris Antiqua* VI: *Monuments and Documents from Phrygia and Caria* (Manchester: Manchester University Press, 1939), pp. 15-18.

14) Louis Robert, "Les inscriptions," in Jean des Gagniers et al., *Laodicée du Lycos: Le Nymphée, Campagnes, 1961-1963* (Quebec: l'Université Laval, 1969), pp. 269, 277-78, 306, 328.

13
도시들간의 경쟁
(RIVALRY AMONG CITIES)

비문이나 화폐, 문헌상의 자료를 실은 사진들을 보면 소아시아에 있는 그리스-로마(Greco-Romann) 도시들 사이에는 서로 자기 도시의 우월성을 과시하면서 경쟁관계에 있었다. 이 도시들은 더이상 독립된 도시들이 아니었기 때문에, 로마황제가 자기들을 승인해주고 덕을 베풀어 주길 호소해야 했다.

에베소는 아데미 신전(Artemision)이 있는 장소이기 때문에 '아시아에서 첫번째로 가장 위대한 도시'라고 주장했다. 버가모는 최초로 공인된 로마의 수도라고 자랑했고, 서머나는 '아시아에서 으뜸가는 크기와 미(美)'를 내세웠으며, 그리고 사데는 '아시아와 전(全) 리디아의 최초의 거대도시'라고 단언했다.[1]

유명한 웅변가 아리스티데스(Aristides)는 버가모, 서머나, 에베소, 이 세 도시들을 찬양하면서 이들이 서로간에 화목을 되찾을 것을 호소했다.[2] 존스(C. P. Jones)에 따르면:

---

1) W. M. Ramsay, *Letters to the Seven Churches* (Grand Rapids: Baker, 1979), pp. 139-40; David Magie, *Roman Rule in Asia Minor* (Princeton: Princeton University Press, 1950), vol. I, p. 635.

2) C. J. Cadoux, *Ancient Smyrna* (Oxford: B. Blackwell, 1938), p. 275; C. P. Jones, *The Roman World of Dio Chrysostom* (Cambridge: Harvard University

에베소와 서머나간의 싸움은 꽤나 잘 알려진 것으로 그 까닭은 제 2의 철인(Second Sophistic)간의 직업적인 경쟁심리가 뒤엉켜 있었기 때문이었다. 크리소스톰의 문하생들 중에서 가장 뛰어났던 파보리누스(Favorinus)와 폴레모(Polemo)는 각자 에베소와 서머나의 대표되는 석학들이었는데 서로가 지극히도 적대적이었다.[3]

서머나와 에베소 사이의 싸움은 A.D. 3세기까지 계속되었다.

역사가인 디오 카시우스(Dio Cassius, A.D. 2~3세기)는 황제에게 다음과 같이 제언했다:

> 가능한한 사적인 분쟁을 줄이고 조속한 안정을 이룩하는 일이 바람직합니다. 그러나 이 모든 것보다도 우선해야 할 것은 도시들 상호간에 섣부른 행동을 막아야 하는 것이고, 만일 그들이 당신의 통치권과 안보 및 행운, 그리고 감당해내지 못하는 세력들을 견제하는 데 필요한 조처와 경비를 요구한다면 용인해주지 마십시오. 당신은 그들 사이의 적대감과 경쟁심을 제거해주고 그들이 공허한 호칭을 사용하거나 서로에게 이질감을 갖게 하는 행동을 하지 않게 금하십시오.[4]

적합한 호칭을 써서 한 도시를 인정해주지 않는다면 도덕적 침해로 간주하였다. 여기 안토니누스 피우스(Antoninus Pius)가 에베소에 보낸 서한이 있는데 에베소인과 서머나인들이 서로를 부르는데 있어 올바른 호칭을 사용해 줄 것을 촉구하고 있다:

> 내가 연락받기로는 버가모인들(Pergameones)이 당신께 보낸 편지에서 당신의 도시에서 사용되는 것과 동일한 호칭을 사용했다고 들었다. 허나 내 생각에는 서머나인들(Smyrnaeans)이 부주의로 공동제물에 관한 법령에서 호칭을 빠뜨렸지만 후에 당신들이 그

Press, 1978), p. 86.

3) Jones, *Roman World*, p. 78.

4) *A History of Rome Through the Fifth Century* II: *The Empire*, ed. A. H. M. Jones (New York: Harper & Row, 1970), p. 68.

들에게 편지를 할 때는 기꺼이 그대로 따라서 호칭해주면 좋을 듯하고, 그러므로 당신들의 그같은 행동이 옳고 당연함을 암시해 주게 된다.[5]

초기 로마제국의 상황을 보면 시민들은 무엇보다도 자기의 도시에 충성을 다했고, 바울이 자신은 로마군 장교에게 다소(Tarsus) 출신으로 '소읍이 아닌 도시'(행 21:39)라고 말했을 정도로 자부심이 넘쳐있었던 것을 이해할 수 있다.[6] 고린도교인들이 마게도니아(Macedonia; 데살로니가와 빌립보)에 교회를 도울 목적으로 가난한 사람들을 위해 연보를 거둬들이려 할 때 그들을 나무라면서, 바울은 시민의 자부심에 강력히 호소했다(고후 9:1-4).

다음과 같은 람세이(W.M. Ramsay)의 말에 모두가 다 동감하지는 않겠지만 또한 아무도 그의 고찰에 관해 반론을 펴진 못할 것이다:

> 일곱교회 서신의 저자는 자신의 고향도시에 대한 애착심을 와해시키지 않고 오히려 지방의 애국심을 북돋워주었고, 그리스도인 삶의 열심을 견고하게 하고자 그 도시적 배경을 적절히 사용했음은 분명한 사실이다. 이같은 교훈의 실질적 효과는 한 그리스도인이 자신이 살고 있는 도시의 영광이나 역사에 관심을 갖게 했고 긍지를 가지고 애국자가 될 수 있게 했다.[7]

---

5) Ibid., p. 229.

6) One's loyalty was not necessarily restricted to the city of one's birth. Athletes and famous rhetors were claimed by adoptive cities. Dio Chrysostom's pupil Polemo noted his double devotion to his native Laodicea and his adopted Smyrna. Aristides was claimed by Pergamum, Smyrna, and Ephesus.

7) Ramsay, *Letters to the Seven Churches*, p. 277.

로마의 황제들*

Augustus	B.C. 27–A.D. 14
Tiberius	A.D. 14–37
Caligula	37–41
Claudius	41–54
Nero	54–68
Vespasian	69–79
Titus	79–81
Domitian	81–96
Nerva	96–98
Trajan	98–117
Hadrian	117–138
Antoninus Pius	138–161
Marcus Aurelius	161–180
Commodus	180–192
Septimius Severus	193–211
Caracalla	211–217
Elagabalus	218–222
Severus Alexander	222–235
Maximinus	235–238
Gordian III	238–244
Philip	244–249
Decius	249–251
Gallus	251–253
Valerianus	253–260
Gallienus	253–268
Claudius Gothicus	268–270
Aurelian	270–275
Tacitus	275–276
Probus	276–282
Numerianus	283–284
Diocletian	284–305
Constantine	306–337

* 단명한 황제나 경쟁자의 이름은 생략됨.

참고문헌

Note: Classical citations have been made from the volumes of the Loeb Classical Library.

Akurgal, Ekrem. *Ancient Civilizations and Ruins of Turkey.* 2nd ed. Istanbul: Mobil Oil Türk A.S., 1970.

Bammer, Anton. *Die Architektur des jüngeren Artemision von Ephesos.* Wiesbaden: F. Steiner, 1972.

Bean, George E. *Turkey Beyond the Maeander.* London: Ernest Benn, 1971.

Behr, C. A. *Aelius Aristides and the Sacred Tales.* Amsterdam: A. M. Hakkert, 1968.

Bernardi Ferrero, Daria de. *Teatri Classici in Asia Minore* I. Rome: "L'Erma" di Bretschneider, 1966.

_____. *Teatri Classici in Asia Minore* III. Rome: "L'Erma" di Bretschneider, 1970.

Blaiklock, E. M. *The Cities of the New Testament.* London: Pickering & Inglis, 1965.

Bowersock, G. W. *Augustus and the Greek World.* Oxford: Clarendon Press, 1965.

_____. *Greek Sophists in the Roman Empire.* Oxford: Clarendon Press, 1969.

Bruce, F. F. *Paul: Apostle of the Heart Set Free.* Grand Rapids: Wm. B. Eerdmans, 1977.

Cadoux, C. J. *Ancient Smyrna.* Oxford: B. Blackwell, 1938.

Cook, J. M. *The Greeks in Ionia and the East.* New York: F. Praeger, 1963.

Cramer, John A. *A Geographical and Historical Description of Asia Minor.* Amsterdam: A. M. Hakkert, 1971 reprint of the 1832 edition.

Deissmann, Adolf. *Light from the Ancient East.* Grand Rapids: Baker, 1965 reprint of the 1922 edition.

Dewdney, J. C. *Turkey.* New York: F. Praeger, 1971.

Gagniers, Jean des, et al. *Laodicée du Lycos: Le Nymphée, Campagnes, 1961-1963.* Quebec: l'Université Laval, 1969.

Gasque, W. W. *Sir William M. Ramsay.* Grand Rapids: Baker, 1966.

Götze, B. "Antike Bibliotheken." *Jahrbuch der Deutschen Archäologischen Instituts* 52 (1937): 225-47.

Hanfmann, G. M. A. *From Croesus to Constantine*. Ann Arbor: University of Michigan Press, 1975.

———. *Letters from Sardis*. Cambridge: Harvard University Press, 1972.

Hansen, E. V. *The Attalids of Pergamon*. Ithaca: Cornell University Press, 1947.

Haynes, Sybille. *Land of the Chimaera*. New York: St. Martin's Press, 1974.

Hemer, C. J. "Unto the Angels of the Churches." *BH* 11 (1975): 4–27, 56–83, 110–35, 164–90.

A History of Rome Through the Fifth Century II: *The Empire*. Edited by A. H. M. Jones. New York: Harper & Row, 1970.

Jones, C. P. *The Roman World of Dio Chrysostom*. Cambridge: Harvard University Press, 1978.

Keil, J. *Ephesos: Ein Führer durch die Ruinenstätte und ihre Geschichte*. 5th ed. Vienna: Österreichisches Archäologisches Institut, 1964.

Kleiner, Gerhard. *Die Ruinen von Milet*. Berlin: W. de Gruyter, 1968.

Magie, David. *Roman Rule in Asia Minor*. 2 vols. Princeton: Princeton University Press, 1950.

Meinardus, Otto F. A. "The Christian Remains of the Seven Churches of the Apocalypse." *BA* 37 (1974): 69–82.

———. *St. John of Patmos and the Seven Churches of the Apocalypse*. Athens: Lycabettus, 1974.

Mellink, M. J. "Archaeology in Asia Minor." *AJA* 78 (1974): 105–30; 79 (1975): 201–22; 80 (1976): 261–90; 81 (1977): 289–322; 82 (1978): 315–38.

Metzger, Henri. *Anatolia II*. London: Cresset, 1969.

Millar, Fergus. *The Emperor in the Roman World*. London: Duckworth, 1977.

Mounce, Robert H. *The Book of Revelation*. Grand Rapids: Wm. B. Eerdmans, 1977.

Page, D. L. *History and the Homeric Iliad*. Berkeley: University of California Press, 1959.

Price, M. J., and Trell, B. L. *Coins and Their Cities*. London: V. C. Vecchi, 1977; Detroit: Wayne State University Press, 1977.

Ramsay, W. M. *The Cities and Bishoprics of Phrygia*. 2 vols. Oxford: Clarendon Press, 1895, 1897.

_____. *Letters to the Seven Churches.* Grand Rapids: Baker, 1979 reprint.

_____. *The Social Basis of Roman Power in Asia Minor.* Amsterdam: A. M. Hakkert, 1967 reprint.

Robert, Louis. *Études Anatoliennes.* Amsterdam: A. M. Hakkert, 1970 reprint of 1937 edition.

_____. *Les Gladiateurs dans l'Orient Grec.* Amsterdam: A. M. Hakkert, 1971 reprint of 1940 edition.

_____. "Sur des inscriptions d'Éphèse." *Revue de Philologie* 41 (1967): 7–84.

Safrai, S., and Stern, M., eds. *The Jewish People in the First Century.* Assen: Van Gorcum, 1974; Philadelphia: Fortress Press, 1974.

Salditt-Trappmann, R. *Tempel der ägyptischen Götter in Griechenland und an der Westküste Kleinasiens.* Leiden: E. J. Brill, 1970.

Sherk, R. K. *Roman Documents from the Greek East.* Baltimore: Johns Hopkins University Press, 1969.

Studies Presented to George M. A. Hanfmann. Edited by D. G. Mitten, J. G. Pedley, and J. A. Scott. Mainz: P. von Zabern, 1972.

Trench, R. C. *Commentary on the Epistles to the Seven Churches in Asia.* Minneapolis: Klock and Klock, 1978 reprint of 1897 edition.

Vermeule, C. C. *Roman Imperial Art in Greece and Asia Minor.* Cambridge: Harvard University Press, 1968.

Webster, T. B. L. *Hellenistic Poetry and Art.* New York: Barnes and Noble, 1964.

Wycherley, R. E. *How the Greeks Built Cities.* London: Macmillan, 1962.

Yamauchi, E. M. *Greece and Babylon.* Grand Rapids: Baker, 1967.

_____. *The Stones and the Scriptures.* Philadelphia: J. B. Lippincott, 1972.

Ziegenaus, Oscar, and Luca, Gioia de. *Altertümer von Pergamon: Das Asklepieion.* 2 vols. Berlin: W. de Gruyter, 1968, 1975.

잊혀진 땅 소아시아

초판 1쇄 / 1998년 12월 30일
초판 4쇄 / 2005년 9월 30일

지은이 / 에드윈 야마우치
옮긴이 / 조용성
펴낸이 / 이승하
펴낸곳 / 성광문화사
121-011 서울 마포구 아현동 95-1
☎ (312)2926・8110, (363)1435
팩스・(312)3323

출판등록번호 / 제 10-45호
출판등록일 / 1975. 7. 2
책 번호 / 757
파본은 교환해 드립니다.

값 12,000원

ISBN 89-7252-317-8 93230
Printed in Korea